公路运输经济发展与创新实践

宋海滨◎著

北京燕山出版社
BEIJING YANSHAN PRESS

图书在版编目（ＣＩＰ）数据

公路运输经济发展与创新实践 / 宋海滨著. -- 北京：
北京燕山出版社，2023.8
ISBN 978-7-5402-6938-8

Ⅰ．①公… Ⅱ．①宋… Ⅲ．①公路运输发展－研究－
中国 Ⅳ．①F542.3

中国国家版本馆 CIP 数据核字 (2023) 第 087049 号

公路运输经济发展与创新实践

作　　者	宋海滨
责任编辑	王　迪
出版发行	北京燕山出版社有限公司
社　　址	北京市西城区椿树街道琉璃厂西街20号
电　　话	010–65240430
邮　　编	100052
印　　刷	北京四海锦诚印刷技术有限公司
开　　本	787mm×1092mm　1/16
字　　数	201千字
印　　张	11.25
版　　次	2023 年 8 月第 1 版
印　　次	2023 年 8 月第 1 次印刷
定　　价	76.00 元

作者简介

　　宋海滨，男，汉族，籍贯山东省曲阜市，大学本科学历，高级经济师。任职于济宁市公路管理局曲阜公路局，济宁市公路管理局曲阜公路局高级经济师。从事公路管理工作28年，多年致力于公路运输经济研究，发表《浅谈公路超限运输危害与长效管理对策》等多篇论文，发明2项专利。在327线改建工程建设期间，主持参与了工程可行性研究，对设计方案进行研讨审定，提出了建设性建议并被采纳，促进了工程建设的顺利开展。在国道公路驿站的建设和运行管理中，开展了富有成效的工作，保障了公路安全畅通，提高了公路品质，将"更好地为公众服务"理念落到实处，曲阜陵城公路驿站被评为全省交通运输系统2019—2020年度"十佳文明服务区"。本人先后荣获济宁市五一劳动奖章、济宁市"青春建功"活动先进个人和济宁交通运输系统先进个人等荣誉称号。

前　言

　　公路运输是一项重要的交通运输方式，我国的公路建设已经取得了巨大的成功。公路交通运输是国民经济发展的基础，它以公路作为运输设施，汽车作为运输工具，实现城市、乡镇之间的货物、人员的传递。公路交通运输不同于铁路、水路、空中运输方式，它不但运输范围广阔，运输费用较低，而且调度灵活，对地形的要求不高。公路交通运输作为交通运输行业的关键一环，可以充分发挥其运输特点，为区域经济的发展做出贡献。

　　公路交通经济是社会经济的一个重要组成部分，是国民经济发展的动脉。公路交通运输的畅通满足了中短途货物运输和旅客的需求，缓解了铁路运输的压力，降低了经济发展的成本，而且公路运输缩短了城市和农村之间的距离，提供了更多的就业岗位，促进了劳动力的转移，推动了区域经济的均衡发展。在当前我国国民经济进一步发展的背景下，公路运输事业也得到快速的发展，这对于公路运输事业的经济管理也提出了新的要求。

　　虽然在过去的发展过程中，我国公路运输已经取得了举世瞩目的成就，但也应看到仍然存在着不足之处。例如，资金缺乏，经济压力较大。交通基础设施建设和维护就需要投入大量的资金，这让公路建设资金保障正面临着越来越大的压力，由于一些地区对于建设资金的下拨流程设计不够合理，且缺乏对于资金管理的周密计划，从而经常出现建设预算无法满足实际建设需求的情况。还有一些地区对于项目工程成本投入相对较大，造成后期资金回收较为困难的情况，这些问题都严重影响了我国公路运输经济的可持续发展。另外，科技化程度较低，安全问题较为突出。在当前信息技术快速发展的背景下，各行各业都十分重视科技的发展，在我国公路运输经济方面，国家和社会也加大了对于科技的投入。但在实际的公路运输经济发展过程中，还是存在信息化普及较差、科技成果转化率相对较低和个性化服务相对较少的情况，这些问题都影响了我国公路运输经济的发展。随着公路运输经济的不断发展，公路运输安全问题也日渐突出，这也给国家和社会带来了较大的损失。基于此，笔者撰写了本书，希望对我国公路运输经济发展与创新实践提出一些有益的观点，促进我国交通运输业的良性发展。

　　本书在写作过程中，引用了许多相关的学术著作与论文，在此向其著作者表示由衷的感谢。同时由于时间、精力等种种原因的限制，也难免存在些许不足之处，对此还希望各位读者能够提出宝贵意见。

作　者

2023 年 3 月

目 录

第一章 公路运输经济的基本知识

第一节 运输与运输业概述

一、运输

(一) 运输的定义

根据中华人民共和国国家标准《物流术语》（GB/T 18354—2006）的定义，运输（Transportation）是指"用专用运输设备将物品从一地点向另一地点运送。其中包括集货、分配、搬运、中转、装入、卸下、分散等一系列操作"。运输是在不同的地域范围间（如两座城市、两个工厂间，或一个企业内的两个车间之间），以改变"物"的空间位置为目的的活动，是对"物"进行的空间位移。

(二) 运输的特点

运输不同于其他产业，作为一种特殊的物质生产，运输具有以下几个特点。

1. 运输不生产有形的产品

运输作为一种特殊的物质生产，并不生产有形的产品，只提供无形的服务。作为运输的抽象劳动，其创造的新价值会追加到所运输货物的原有使用价值中。

2. 运输对自然的依赖性很大

运输不同于工业生产，它对自然有较强的依赖性，大部分的运输活动在露天进行，风险较大。运输的场所、设施设备分布分散，流动性强，具有点多、线长、面广的特点，受自然条件的影响较为明显。

3. 运输是资本密集型产业

由于运输不生产有形产品，它不需要为原材料或零部件预付一个原始价值，运输成本仅涉及运输设施设备与运输运营成本两部分。因此，在运输成本中，固定成本所占比例相对较大，运输需要大量的投资，为资本密集型产业。

4. 运输是"第三产业利润"的主要源泉

（1）运输费用在整个物流费用中占有最高的比例。运输的实现需要借助大量的动力消耗，一般社会物流费用中运输费用约占50%的比例，有些产品的运输费用甚至会高于生产制造费用。

（2）运输费用存在节约的空间。运输活动承担的是大跨度的空间位移任务，具有时间长、距离长、消耗大等特点；通过体制改革、技术革新、运输合理化，可以减少运输的吨千米数，从而成为"第三产业利润"的主要源泉。

（三）物流中的运输

运输不是可以触摸的实体产品，而是对使用者提供的一种服务，服务的质量依靠速度、可靠性、服务频率等指标来衡量。在整个物流系统中，运输需要与其他环节紧密配合、相互合作。

1. 运输与装卸

运输活动与装卸作业是密不可分的。一次运输往往伴随着运输前、后至少两次装卸作业。货物在运输前的装车、装船等活动是完成运输的前提条件。装卸质量的好坏对运输会产生较大影响。而装卸作业的组织将会直接影响到运输活动的开展。当货物运输到目的地后，装卸成为最终完成运输任务的补充。此外，装卸还是运输方式变更的必要衔接环节，当一种运输方式与另一种运输方式实现必要变更时，如航空运输变更为公路运输、铁路运输变更为公路运输，都离不开装卸作业。

2. 运输与储存

储存是货物在流通过程中暂时"静止"的状态，体现的是货物的时间价值。货物的储存量虽然取决于库存管理水平，但货物的运输活动也会影响到储存作业。当仓库中储存一定数量的货物而市场又急需该货时，运输就成了关键。如果运输活动组织不善或运输工具不得力，就会延长货物在仓库中的储存时间，影响货物流通，增加储存费用，还要承担由于丧失市场机会而造成的机会成本。

3. 运输与配送

在物流系统中，通常将货物大批量、长距离地从生产工厂直接送达客户或配送中心的活动称为运输（干线运输），其强调的是货物在地区间的移动，具有单次向单一地点单独运送的特点。将货物从配送中心就近发送到客户手中的活动称为配送（末端运输），其强调的是 短距离、少量货物的运输，单次向多处客户运送。

4. 运输与包装

在物流系统中，运输与包装活动互相影响、密不可分。货物包装的材料、规格、方法等都不同程度地影响着运输，而不同的运输方式、运输环境对货物的包装也有相应的要求。运输与包装活动的良好配合，在保证货物安全、提高运输实载率、降低运输成本等方面有着重要的意义。

（四）运输的基本功能

运输作为物流的基本、核心模块，是使用者以一定的成本从供应商那里购买"一揽子服务"（Bundle of Services），通过集货、分配、搬运、中转、装入、卸下、分散等一系列操 作，将物品从一地点运送到另一地点的活动。在运输过程中，需要注意运输速度、运输包装、运输环境等因素，保证物品完好无损地出现在效用价值高的地点和时刻。因而运输最基本、最重要的功能，就是实现了物品的空间位移，创造了空间和时间效用。

1. 空间效用的概念

空间效用（Place Utility）又称"场所效用"，是指通过运输实现"物"的物理性位移，消除"物"的生产与消费的位置背离，使"物"的使用价值得以实现。

对于同种"物"，由于所处空间场所不同，其使用价值的实现程度会有所差别，其效益的实现也不同。通过运输活动，将物品从效用价值低的地方转移到效用价值高的地方，充分发挥"物"的潜力，使物品的使用价值得到更好的实现，实现物品的最佳效用价值。

2. 空间效用的原理

运输成本的下降创造了空间效用。如果通过运输系统的优化而降低了运输成本，则可以将市场拓展到更远的地方，而生产地不变，获得规模化的效益；同样，市场也可以出售来自更远地方生产的产品。而随着运输批量增大，长途运输比短途运输成本的降低更明显，从而激励了更长距离的运输。运输距离的增加意味着产品市场范围会以更大比例增加。因此，更高效率的运输方式、更低的运输成本创造了新的空间效用。

3. 空间效用的意义

运输的空间效用使地域分工专业化、大规模生产、竞争的加剧得以实现最好的效果。

（1）充分发挥地域分工专业化的必要条件

任何一个地方都不可能生产所有的产品，每个地域都依据当地的资本、劳动力和原材料情况，提供能够发挥它最大优势的产品和服务，专业化也很明显。例如，石油工业是新疆的第一大支柱产业，原油加工业和人造原油生产业是陕西的比较优势所在，以兰州为基地的石化工业是甘肃的传统优势产业；在东北，原油加工业和人造原油加工业是辽宁最具比较优势的产业；在华北，内蒙古自治区是甜菜种植和食糖生产的重要地区，金属冶炼业也比较发达（有色金属矿产丰富）；在西北，宁夏和青海的铁合金冶炼业、轻有色金属冶炼业也是具有很强竞争力的产业。

地域分工专业化是假设大规模的生产发生在生产地，而对产品的需求分布于或近或远的其他地方。原材料需要被运输到生产地，成品也需要依赖运输系统运送到需要该产品的其他地方。因此，地域分工专业化得以充分发挥的必要条件是通过运输系统实现物资的空间位移，将在 A 地（最有效生产）的产品运输到 B 地，而将 B 地（最有效生产）的产品运输到 A 地。如果没有高效的运输网络，则规模经济的优势、生产效率和低价生产设施的效用都会受到影响。

（2）有助于加剧市场竞争

有效的运输也使得市场竞争加剧，有助于形成充分竞争的市场环境。假设没有运输，地方企事业就可以生产质量欠佳的产品，并且垄断市场，高价销售。运输的空间效用将会扩大产品的市场范围，迫使当地产品不断发展、以最有效的方式生产，否则外地的竞争者就会进入并且占领当地市场。

（3）利于提高土地价值

运输的空间效用可以将一定距离的地域变得更容易到达，从而提高该地区的土地价值，促进地区经济的发展。例如，有效的运输系统使得郊区与市中心的"距离缩短"，郊区也因为更加容易到达而增加了价值。郊区的人们可以在城市中心工作和娱乐，然后通过有效的公共交通网络回到郊区，远离拥挤的城市。

（五）运输的分类

1. 按运输工具不同分类

不同运输方式适合于不同的运输情况。合理地选择运输方式可以提高运输效率，降低运输成本，优化物流系统，合理组织物流活动。根据运输工具的不同，可以分为公路运输、铁路运输、水路运输、航空运输和管道运输五大类。

公路运输具有灵活性，主要是承担近距离、小批量的货运，水运、铁路运输难以到达地区的长途、大批量货运，以及铁路、水运难以发挥优势的短途运输。

铁路运输速度快，不太受自然条件限制，载运量大，运输成本较低。主要是承担长距离、大数量的货运。在没有水运条件的地区，几乎所有大批量货物都是依靠铁路，它是在干线运输中起主力运输作用的运输形式。

水运的主要优点是成本低，主要承担大数量、长距离的运输，也是在干线运输中起主力作用的运输形式。在内河及沿海，水运也常用于小型运输，承担补充及衔接大批量干线运输的任务。水运包括沿海运输、近海运输、远洋运输和内河运输四种形式。

航空运输的单位成本很高，主要适合运载价值高、运费承担能力很强的货物与紧急需要的物资。

管道运输的设备静止不动，适合于批量大且连续不断运送的物资，如水、煤气和原油等。

2. 按运输路线不同分类

（1）干线运输

干线运输是指利用铁路、公路的干线或大型船舶、货运飞机的固定航线进行的长距离、大批量的运输。它是进行远距离空间位置转移的重要运输形式。干线运输速度一般较同种工具的其他运输要快，成本也较低。干线运输是运输的主体。

（2）支线运输

支线运输是与干线相接的分支线路上的运输。支线运输是干线运输与收、发货地点之间的补充性运输形式，路程较短，运输量相对较小。支线的建设水平往往低于干线，运输工具水平也往往低于干线，速度较慢。

（3）城市内运输

城市内运输是一种补充性的运输形式，路程较短。主要用于干线、支线运输到站后，站与用户仓库或指定接货地点之间的运输，运量也较少。

（4）厂内运输

厂内运输是指在工业企业范围内直接为生产过程服务的运输，一般在车间与车间之间、车间与仓库之间进行。在小企业或大企业车间内部、仓库内部的短距离移动通常不称为"运输"，而称作"搬运"。

3. 按运输协作程度分类

（1）一般运输

孤立地采用不同运输工具或同类运输工具，而没有形成有机协作关系的运输方式为一般运输。如汽车运输、铁路运输等。

（2）联合运输

简称联运，是使用同一运送凭证，由不同运输方式或不同运输企业进行有机衔接来接运货物，利用每种运输手段的优势，充分发挥不同运输工具效率的一种运输形式。采用联合运输，对用户来讲，可以简化托运手续、加快运输速度，也有利于节省运费。常用的联运形式有铁海联运、公铁联运、公海联运等。

（3）多式联运

多式联运是联合运输的一种现代形式。一般的联合运输，规模较小，在国内大范围物流和国际物流领域，往往需要反复使用多种运输手段进行运输。现代运输的五种基本方式在运输工具、线路设施、营运方式及技术经济特征等方面各不相同，因而各有优势，各有其不同的适用范围。在这种情况下，进行复杂的运输方式衔接，并且具有联合运输优势的称作多式联运。

二、运输业

（一）交通运输业的全面快速发展

改革开放初期，我国交通运输基础薄弱，总量不足。1978 年，全国运输路线中，铁路 5.2 万千米，公路 89 万千米，内河航道 13.6 万千米，民用航空航线 14.9 万千米，管道 0.8 万千米。全国铁路复线里程 7630 千米，电气化里程只有 1030 千米；铁路机车拥有量 10179 台，其中蒸汽机车 8039 台，占机车比重近 80%。公路中，高级和次高级公路占的比重很小，仅为 14.7%，路面铺装率只有 71.9%，绝大部分为砂石路面，等外公路占 40% 以上，没有高速公路；汽车缺重少轻，性能差，油耗高。内河航道大都处于自然状态，通航里程逐渐萎缩，沿海港口深水泊位仅有 133 个，港口机械设备落后，运输船舶少。民用机场只有 30 多个，机场设施落后，飞机陈旧。

1978—1988 年，随着改革开放的不断深入，国民经济快速发展，交通运输与经济发展的不适应性日益突出，交通运输成为国民经济发展中的薄弱环节。当时由于铁路运力不足，许多产品只能以运限产，全国近 1/3 的加工能力处于闲置状态，严重阻碍了经济发展。旅客运输也处于全面紧张状态，"行路难"成为当时突出的社会问题。

1978 年，全社会完成的交通运输固定资产投资只有 63.6 亿元，"十五"以后，我国年均完成交通运输业固定资产投资 5313.6 亿元，2007 年达 12 278.5 亿元，是 1978 年的 193 倍。改革开放 40 多年来投资规模的不断扩大对加快基础设施建设起到了关键性的作用，交通运输业实现了跨越式发展。

改革开放使我国交通运输基础设施规模总量快速增长，交通运输网络覆盖面持续扩大，通达度进一步提高，形成了具有相当规模的综合交通体系，综合运输能力明显增强，技术装备和水平显著提高，交通运输业取得了累累硕果。

（二）综合运输网络初步形成

改革开放以来，我国交通运输业实现了全面快速发展，以公路、铁路、航空、水运等为主的综合运输网络初步形成。2008 年，交通运输、仓储和邮政业增加值 16 590 亿元，比上年增长 7.6%。铁路网络规模扩大、结构优化，为经济发展提供了基本保障；公路通车里程迅猛增长，高速公路建设飞速发展，农村公路覆盖面明显扩大；港口基础设施规模明显扩大，专业化码头建设取得突破性进展；航空运输发展迅速，基本建设投资规模不断扩大；长输管道建设初具规模；城市交通蓬勃发展。

1. 铁路网络规模扩大，结构优化

改革开放以来，我国不断加大对铁路建设的投资。2007 年，我国铁路建设投资达 2492.7 亿元，是 1978 年的 75 倍。铁路营业里程达 7.8 万千米。其中，复线铁路里程 2.6 万千米，复线率达 40.5%，电气化铁路里程 2.4 万千米，电气化率达 37.8%。到 2007 年底，我国铁路营业里程位居世界第三、亚洲第一，复线铁路和电气化铁路里程均位居亚洲第一。青藏铁路 2006 年 7 月 1 日正式通车，结束了西藏不通铁路的历史。经过持续大规模的新线建设和既有线改造，中国铁路无论是数量还是装备水平都上了一个新台阶，铁路网规模进一步扩大，路网结构得到优化，运输限制明显减少，主要运输通道能力紧张状况大为缓解，基本打破了长期以来铁路对国民经济发展的"瓶颈"制约，改变了铁路运输生产力严重不适应社会经济发展的状况。

2. 公路覆盖面广，高速公路建设快

改革开放 40 多年来，国家不断加强公路网的建设，公路基础设施建设迅速发展，在完善国道、省道干线公路的同时，加快高速公路和农村公路建设的步伐，整个运输网络功能日趋完善，整体效率不断提高。到 2007 年底，全国农村公路总里程达 313.4 万千米，乡镇通公路率达 98.5%。全国公路总里程（不含村道）达 196.2 万千米，公路密度达 37.3 千米/百平方千米。2007 年"五纵七横"基本贯通，初步构筑了我国区域和省际横连东西、纵贯南北、连接首都的国家公路网络。

从 1988 年我国第一条高速公路——沪嘉公路建成通车，到 1999 年高速公路突破 1 万千米，2002 年则突破了 2 万千米，高速公路的飞速发展，改变了我国的路网结构和通行条件。

3. 港口基础设施规模扩大

1978—2007 年，全国主要港口生产用码头泊位数从 735 个增加到 11 404 个。其中，万吨级深水泊位数从 133 个增加到 1217 个，是 1978 年的 9.2 倍。20 世纪 90 年代以来，在加快港口建设的同时，一批大型原油、铁矿石、煤炭、集装箱等专业化码头和深水航道工程相继建成，港口专业化泊位比重超过 50%。

目前，我国基本形成了包括主要港口、地区性重要港口和其他一般港口 3 个层次的港口体系。在长三角、珠三角、环渤海、东南沿海、西南沿海五大区域形成了规模庞大并相对集中的港口群。

4. 航空运输发展迅速

改革开放以来，航空运输业基本建设投资规模不断扩大。1978 年，我国民航仅有 162 条短程航线、70 个机场。经过多年的建设，机场的数量翻了一倍，2007 年突破 1000 万人次的机场就有 10 个。2007 年机场全年货运吞吐总量为 861 万吨，相比 1978 年，增加了 135 倍。

航空运输在综合交通运输体系中的地位不断提高，构筑了规模适当、结构合理、功能完善的北方（华北、东北）、华东、中南、西南、西北五大区域机场群，机场群整体功能实现枢纽、干线和支线有机衔接，客、货航空运输全面协调，大、中、小规模合理的发展格局，并与铁路、公路、水运及相关城市交通相衔接，构成现代综合交通运输体系。根据 2008 年 1 月国务院批准出台的《全国民用机场布局规划》，到 2022 年，我国民航运输机场总数达到了 254 个，较上年增加 6 个，全国机场货运、客运吞吐能力得到了大幅提升。

5. 长输管道建设初具规模

"八五"以来，我国的长输管道建设有了新突破，油气长输管道以每年约 400 千米的建设速度递增，相继建成了一批长输管道，东北、华北、华东管网进一步完善。2007 年底，我国输油（气）管道里程为 54 460 千米，是 1978 年的 6.6 倍，年均增长 6.7%。目前，我国已经形成了东北、华北、中原、华东和西北广大地区四通八达、输配有序的石油、天然气管网运输体系。全国 100% 天然气、90% 以上的石油通过长输管道源源不断地输向炼油厂、化工厂及海运码头。2002 年 7 月 4 日开工建设的西气东输工程，西起新疆轮南，经过戈壁沙漠、黄土高原、太行山脉，穿越黄河、淮河、长江，途经 9 个省、自治区、直辖市，最后到达上海，全长约 4000 千米。长输管道建设不仅在陆地上有所发展，而且也在向海洋中延伸。

6. 城市轨道交通蓬勃发展

1982 年以前，全国仅北京有一条地铁线，运营里程仅有 23.6 千米。2010 年末，我国轨道交通运营里程已达 1369.65 千米，北京、上海、广州等城市已建成多条线路，并已构成城市轨道交通网络的基本骨架，促进了经济的快速发展。

经过 40 多年的改革和发展，我国交通运输业发生了巨大的变化，综合交通运输体系已初步形成，交通运输基本上能够满足国民经济增长和人民生活的需要。未来经过进一步的建设和发展，我国交通运输业的基础设施会更完备，技术和管理水平会显著提高，各种运输方式将有效衔接、运力布局进一步优化，形成一个方便、快捷、舒适、安全的交通运输体系。

第二节　公路经济与公路运输

一、公路经济[①]

运输经济是当前社会中一个十分重要的概念，其中常被提到的就是公路经济。一般来说，公路工程项目能够产生极大的社会效益与经济效益，公路系统的不断发展与完善也能在一定程度上推动我国经济的整体发展。以内部经济效益为例，一些新建、改建或扩建的公路工程项目能够大大提高交通运输效率，节约大量的社会开支，如通过对公路进行管理或者养护等一系列活动，使公路的内部管理得到充分强化，促进公路运输在多个方面得到更好的发展。其主要受益者为公路的使用者，如机器设备维修频率、轮胎磨损程度降低等。通过建立完善的公路系统，能降低交通过程中的肇事率，能够为行人、行车、社会运输创造更加舒适、安全、通畅、完好的公路交通环境，并且能最大限度地节省人们的行驶

---

① 郭学梅. 公路运输对经济发展的影响及策略分析 [J]. 运输经济与管理，2022（6）54-55..

时间、行驶费用。上述各个方面的优化，可在一定程度上提高资源配置的合理性，大大提高资源利用效率，进而促进交通运输经济的有序发展，提高商品流通速度，带动区域经济发展，进而推动我国经济的整体发展。

二、公路运输所具备的特点

首先，灵活性较强。与水路、铁路等运输方式相比，公路运输有着更大的密度和更广的分布范围。因此，公路运输车辆可以被称作"无处不到、无时不有"。从运输的时间方面来看，公路运输存在极大的机动性，车辆可以随时被调配，各个环节所需要的衔接时间也可以得到有效缩短。对于货运、客运量的多少，公路运输更是较其他运输方式具备更强的适应性，而这一点在应急运输、抢险救灾等方面有着不可忽视的意义。

其次，有着较快的运输速度。在一些中途或者短途运输中，公路运输能够确保采用点对点直达运输方式，在中途不需要任何的转折就可以将货物、乘客等送达目的地。由此可见，与其他运输方式对比，公路运输在中短途的道路运输中，有着用时较短、速度较快的优势。

再次，投资较少，资金周转率较高。与航运、水运、铁路等运输方式相比，公路运输所采用的固定设施较为简单，并且在购置车辆方面，所耗费的费用少，所以在投资方面比较容易回本，资金回收期也较短。

最后，公路运输的操作方式较为简单。与航空、铁路、水路运输等方式的准入制度相比，公路运输的准入制度更加宽松，对于投资者来说，进入该行业相对容易。

第三节　公路运输对经济发展的影响

一、公路运输为经济发展带来的影响

公路运输是国民经济得以顺利发展的前提条件和重要保证，任何一个地区或者国家，经济想要得到顺利的发展，就需要建立起完善、高效、安全的运输系统。公路运输系统不仅能够加强城市之间的联系，也能使区位因素发生极大的变化，提高原本的区位优势，保证区域得到更好的发展。①

首先，公路运输对国民经济产业结构带来正面的影响。公路运输条件会影响国民经济的产业布局和 产业结构，打造一个高效、价廉的交通运输系统，可以有效节省大量的运费。比如，一些运输成本在总成本当中占较大比例的企业，开始集中到铁路附近或者港口等交通便利的区域，而航空运输则能满足一些以小型、轻型为主的新工业需要。因此，全面了解公路运输系统，对国民经济产业结构调整有着极大的影响。

其次，公路运输影响国民经济发展。高效且安全的公路运输系统，能够极大地改善和优化沿线的交通条件，同时能够拉近工业中心与大小城市之间的距离，进而形成一个良好的市场竞争机制，为企业后期的发展提供极佳的条件。与此同时，完善且便利的交通运输系统，也能够加强国际交流速度、更广泛地传播科学技术，进而提高教育事业发展水平，拓宽人们的视野，最终保证人们能够积极主动参与到国内外的经济活动中。

最后，交通运输能够为区域资源开发带来正面影响。打造完善的交通运输系统，能够为进一步开发资源提供价廉、可靠的运输保障，并且提高对自然资源的开发力度与利用率。交通运输条件便捷使人们出行更加方便，这不仅能够提高经济效益，同时能进一步开发旅游资源，使我国的旅游事业得到更好的发展。

二、制约公路经济的相关因素分析

制约公路系统经济效益以及社会效益的原因主 要包括下述几个方面。

第一，公路运输相关的管理部门，在思想方面存在滞后性。因受到传统计划经济的影响，加之公路管理体制中各种条条框框的限制，导致公路不少的工作人员，其思想受到极大的约束，甚至一些员工未能主动突破传统思想、传统观念的桎梏，未能树立正确、积极向上的市场经济观念。除此之外，一些员工存在着"要""靠""等"一系列消极的思想。这种情况下，就难以充分调动公路管理各部门及员工的主观能动性，且员工开展相关创新性工作的积极性和主动性也会受到影响。

第二，未能完全了解整个公路系统当中的管理体制。公路在建设以及开展养护的过程中，所涉及的资金都是由各省厅负责拨款的。不同的省厅在行业管理方面存在着一定的差异，而地方主要是负责对党群、人事、行政等进行管理。这种管理模式虽然能在一定程度上展现其所具备的优势，确保各部门以及各地方的工作积极性得到充分的发挥和调动，但

---

① 　郭学梅.公路运输对经济发展的影响及策略分析［J］.运输经济与管理，2022（6）.

是也存在着一些不足，在公路系统的养护和建设方面尤为明显，如不能根据地方经济发展的实际情况来开展相应的工作，使得公路建设和养护质量等有时难以达到相应的要求。

第三，近年来，我国公路系统当中的人员增长速度较快，出现大量的剩余劳动力，很多地方甚至会产生"人吃路"这种负面的情况，即用于公路养护的费用就会被迫减少，这种现象则会导致公路内部经济效益受到一定的影响。

三、公路运输促进经济发展的优化措施

（一）加强文化信息交流

高速公路建设加快了城乡和外地之间联系的紧密度，并且吸引了更多的农村劳动力进入城镇地区，城市地区的人们也开始选择对象进行投资。无形之中将发达地区的管理方式、先进技术、价值观念、行为方式、思想观念等社会和经济方面的进步因素，逐渐带入乡村地区，改变人们原本的行为方式和思维状态，并且对落后地区人民的市场观点形成以及精神文明发展带来了正面的影响。随着当前公路建设事业的逐渐发展，一些封闭的农村地区开始全方位开放，并且加强了与国内外多个发达地区多层次、全方位、宽领域的经济技术交往与合作。改善了贫困地区群众接受文化、科技、教育困难等情况，增加了就业机会，也完善了农民群众的市场观念，如对市场信息高度重视，这样也能保证农村地区的群众能够及时了解市场信息，调节原本的农作物结构，为自身带来更多的收入。

（二）对公路系统做好科学管理工作

为了保证公路运输为经济发展带来正面的影响，需要针对公路系统做好合理化与科学化的管理工作，提高公路建设以及养护工作的质量，同时需要保证公路系统当中的各项工作能够完全符合规定，确保公路的社会及经济效益得到全面的提高。除此之外，也需要深入挖掘内部的发展潜力，并且在养护工作过程中，应当进行公路、人员、设备、组织、基金等多方面的准备工作，这样才能保证公路养护工作得以顺利开展。在对公路养护和建设方面进行设计和规划的过程中，应当将合理、均衡作为重要原则，保证将有限的资金发挥出最大的效益，促进我国公路事业得到更好的发展。

（三）树立全新的公路经济发展思想

为了保证公路经济得到更好的发展，需要树立正确的发展思想，也就是"一体两能"

与"一体两制"。"一体两能"通常指的是将公路系统作为其养护机构以及经济实体，所以不仅要认真履行对公路的建设、养护、管理等职责，同时要将多种经营方式加入其中，保证资源得到更好的利用，这样才能提高公路的内部经济效益。"一体两制"通常指的是在目前的公路行业管理过程中，应当将适用于公路行业的制度加入公路建设和养护中。如针对路外产业发展与兴办，或其他经营生产活动，可将现代化的企业管理制度合理地融入其中，保证达到协调发展的效果。除此之外，可将公路系统的路况以及财力等一系列条件作为必要依据，更好地分析公路建设过程中各项工作的轻重缓急，对公路系统发展进行合理的规划，制订科学的发展计划。

第二章 公路运输需求与供给分析

第一节 公路运输需求分析

一、运输需求的概念

运输需求是指在一定的时期内，一定价格水平下，社会经济生活在货物和旅客空间位移方面所提出的具有支付能力的需要。运输需求必须具备两个条件，即具有实现位移的愿望和具备支付能力，缺少任一条件，都不能构成现实的运输需求。

运输需求包含以下六项要素：

1. 运输需求量，也称流量，通常用货运量和客运量来表示，用来说明货运需求和客运需求的数量与规模。

2. 流向，指货物或旅客发生空间位移时的空间走向，表明客货流的产生地和消费地。

3. 运输距离，也叫流程，指货物或旅客所发生的空间位移的起始地至到达地之间的距离。

4. 运输价格，简称运价，是运输单位重量或体积的货物和运送每位旅客所需的运输费用。

5. 运送时间和送达速度，又称流时和流速，前者是指货物或旅客发生空间位移时从起始地至到达地之间的时间；后者是指货物或旅客发生空间位移时从起始地至到达地之间单位时间内位移的距离。

6. 运输需求结构，是按不同货物种类、不同旅客出行目的或不同运输距离等对运输需求的分类。例如，铁路货物运输分为 28 个品类；旅客运输可分为公务、商务、探亲、旅游等。不同的运输方式中常按运输距离分为短途运输、长途运输等。

二、运输需求的产生

运输需求按运输服务对象可分为旅客运输需求和货物运输需求。

旅客运输需求一般可分为四类：公务、商务、探亲、旅游。其中，以公务和商务为目的的旅客运输需求来源于生产领域，是与人类生产、交换、分配等活动有关的需求，可称为生产性旅行需求，这种需求是生产活动在运输领域的继续，其运输费用进入产品或劳务成本。以探亲、旅游为目的的旅客运输需求来源于消费领域，可称为消费性旅行需求，其运输费用来源于个人收入。

货物运输需求的产生有以下几方面原因：

1. 自然资源地区分布不均衡，生产力布局与资源产地分离。自然资源是大自然赋予人类的巨大财富，然而，自然资源分布不均衡是一种自然地理现象。生产力的布局要考虑自然资源分布状况，但不可能完全一致；人类的经济活动必然要求自然资源由储藏丰富的地区向贫乏的地区流动，这就必然产生运输需求。

2. 生产力布局与消费群体的空间分离。由于各地区经济发展不平衡，生产力布局与消费群体的分离必然存在；生产力的布局同时决定了生产性消费的分布，而生产性消费的生产和消费同样存在分离。随着社会经济的发展，某些商品的生产与消费的空间分离可能日益减少，但是随着生产的社会化、专业化、区域经济的分工与合作、生产要素的进一步优化组合，某些商品（包括中间商品）的生产将日益集中在某个或某些区域，因此，生产与消费的空间分离将日益增大。由于生产与消费的空间分离不可避免，就必然产生运输需求。

3. 地区间商品品种、质量、性能、价格上的差异。不同地区之间、不同国家之间自然资源、技术水平、产业优势不同，产品的质量、品种、性能、价格等方面会存在很大差异，由此可引起货物在空间上的流动，产生运输需求。

三、运输需求的类型

根据研究运输需求的内容和目的的不同，可对运输需求进行如下分类。

（一）按运输对象的不同，可分为旅客运输需求和货物运输需求

旅客运输需求是一种派生需求，它是由于人们的出行需要所派生出来的，即人们的出行行为派生了旅客运输活动。在现代社会，人们的社会活动频繁，活动的地域范围广阔，

除了利用电话、互联网等手段商谈业务以外，在多数情况下，伴随着人们的出行活动。由于活动的地域广阔，除个别近距离者可以步行以外，一般都要利用各种运输工具作为代步工具，所以旅客运输活动派生于人类的出行活动。

现在，人们的旅行包括公务、商务、度假、医疗保健、求学、个人事务（探亲、访友）、宗教、体育等类型。其中，以旅游为目的的消遣性旅行者外出的季节性很强，因为除退休者外在职人员几乎都是利用带薪假期时间外出，旅游目的地的气候条件许多也有季节性，但他们对目的地和出行方式有较大的选择自由。公务、商务旅行者占有较大比例，没有季节性，对目的地没有选择自由，对旅行服务要求舒适和方便，对价格不敏感。个人事务旅行者在时间上往往没有自由度，如参加婚礼、开学典礼等，有的则有规律性，如探亲、访友多在传统节假日等。

货物运输需求也是派生需求，它是由社会经济活动这一本源需求引起的。因此，经济因素对货物运输需求的影响是不言而喻的。自然资源分布、生产力布局产生了运输需求；经济高速增长时期，必然产生较强的运输需求；不同国家或地区经济发展不平衡导致运输需求不平衡；国民经济产业结构和产品结构不同，在运输需求的量与质上要求不同；同一国家或地区经济发展的不同时期，运输需求结构也有相应变化。例如，西方一些发达国家在工业化初期，采矿业、重工业、机械加工业对钢铁需求较大，导致铁矿石、煤炭等散装货物的运输需求急剧增加；到机械加工工业发展时期，原材料运输继续增长，但增长速度不如以前，而运输需求开始多样化，对运输速度和运输质量方面的要求有所提高；进入精加工工业时期，经济增长对原材料的依赖明显减少，由于大宗散货的运输需求增长速度放慢，使总体运输需求在数量上增长速度放慢，但运输需求越发多样化，技术密集型产品、高价值产品比重增大，对运输质量方面的需求越来越高。

（二）按运输需求的范围不同，可分为个别运输需求和总体运输需求

个别运输需求是指在一定时期内、一定价格水平下，许多性质不同、品种不同、运输要求相异的具体需求；总体运输需求是由个别运输需求的总和构成的。个别运输需求是有差异的，但总体运输需求是无差别的，都是实现运输对象的空间位移。

（三）按运输需求产生的地域不同，可分为区域内运输需求、区域间运输需求和过境运输需求

运输需求的起点与终点在同一区域 A，则为 A 区域内的运输需求；运输需求的起点在

A 区域而终点在 B 区域的，为 A、B 区域之间的运输需求；运输需求的起点、终点均不在 A 区域，但运输对象利用了 A 区域内的运输线路完成其位移的，为 A 区域的过境运输需求。

此外，按运输方式不同，又可分为铁路运输需求、公路运输需求、水路运输需求、航空运输 需求和管道运输需求以及多种方式的联合运输需求

四、运输需求的特征

（一）派生性

在经济生活中，如果一种商品或服务的需求是由另一种或几种商品或服务派生出来的，则称该商品或服务的需求为派生需求，引起派生需求的商品或服务需求为本源需求。运输需求是社会经济活动的需求派生出来的，因为货主或旅客提出位移要求的目的并不是位移本身，而是为实现生产或生活的目的，完成空间位移只是其为实现真正目的的一个必不可少的环节。所以，相对运输需求而言，社会经济活动是本源需求，运输需求是派生需求。因此，研究运输需求要以社会经济活动为基础。

（二）规律性

运输需求起源于社会经济活动，而社会经济的发展及增长速度具有一定的规律性，因此，运输需求也具有规律性。通常经济繁荣带来运输需求的增长，经济萧条带来运输需求的下降。在国际运输中，由于运输需求是由世界经济和国际贸易派生出来的，其发展变化同世界经济和国际贸易密切相关，但由于国际贸易和国际运输的特点，往往世界经济活动的兴衰反映到国际运输需求上有一定的时间滞后。

（三）不平衡性

这种不平衡体现在时间、空间和方向上。时间上的不平衡主要起因于农业生产的季节性、贸易活动的淡季和旺季、节假日及旅游季节等。空间和方向上不平衡主要起因于自然资源分布、生产力布局、地区经济发展水平、运输网络布局等。如盛产煤炭的地方多为煤炭运输需求的起始地；具有大型钢铁冶炼企业的地区通常是铁矿石运输需求的目的地等。

（四）个别需求的异质性

这种异质性指的是个别运输需求对运输质量管理和工艺要求不同，对运输方向和运输

距离要求不同，对运输时间和运输速度要求不同，对运价水平要求不同等。如煤炭、石油、小汽车这些不同种类的货物对运输质量和运输工艺要求不同；鲜活易腐货物同一般货物在运输速度上要求不同；高价值货物与低价值货物能够承担的运价水平的能力不同等。

（五）部分可替代性

随着现代通信技术的发展，旅客流动的一部分可被替代；在工业生产方面，当原料产地和产品市场分离时，人们可以通过生产位置的确定在运送原料还是运送半成品或产品之间做出选择；某些地区间的煤炭运输可以被长距离特高压输电线路替代等。

五、影响运输需求的因素

在运输需求函数中，客运需求和货运需求分别有各自的影响因素。

（一）影响客运需求的主要因素

1. 人口数量及构成情况

客运需求的变化与人口数量成正比关系，人口数量的增加必然会带来客运需求的增加。城市的客运需求就要比农村高出许多。我国目前城市化进程的加快，必然会带来更大的旅客交通压力。同时，人口的年龄构成、性别构成、文化程度构成也会对客运的需求产生不同程度的影响。

2. 居民收入水平

运输需求的产生基础在于移动的需要，但必然要有居民支付能力的支持。以人均收入指标反映的居民生活水平的高低对于客运需求的影响很大。居民经济收入的提高必然会带来更大的探亲访友、旅游观光以及文化娱乐等方面的出行需求。

3. 工农业生产的发展

工农业生产的发展将会带来公务、商务出行的大量增加，由此带来客运需求的大量增加。近年来，随着我国经济的高速增长，地区之间、城乡之间、产销之间的联系日益频繁，人员来往不断增加，客运的需求增长相当迅猛，特别是由于农村运输条件的改善，在很大程度上也促进了农村经济的发展。

4. 人口的地区流动

近年来，在我国由于人口的地区流动所带来的运输压力日益增大。农民工进城打工形成的民工流，学生放假形成的学生流，十一黄金周、春节黄金周所形成的旅游观光流和探亲流，形成大量的人口跨地区流动，这种运输需求表现出了极强的时间特征和地域特征。

（二）影响货物运输需求的主要因素

1. 国民经济发展的规模和速度

经济规模的增长，意味着更多的运输需求，产生更多原材料的运输需求、更多生产环节内部的运输需求、更多流通环节的运输需求。经济增长的速度在很大程度上刺激着运输需求的增长速度。一般情况下，运输需求增长的速度要高于经济增长的速度。

2. 经济行业和部门结构

不同的部门、行业对于运输的需求是不同的，可以用产品的运输系数来描述不同产品的运输需求。

$$产品运输系数 = 某种产品的运输量/该产品的生产量 \tag{2-1}$$

当产品运输系数高的行业和部门在国民经济中的比例增加时，即便此时经济总量没有增加，也会带来运输需求的增加。

3. 生产力布局

生产力布局决定着运输网络的布局，运输网络布局的合理性影响着货流的流向、流量和运输距离，不合理的运输网络布局会导致大量不必要的运输需求，从而增加生产的总成本。所以，在进行生产力布局的同时，合理的运输网络布局必须予以考虑。

4. 运输行业的发展

交通运输业的重要目的是保证最大限度地满足国民经济发展对运输的需要。因此，交通运输作为一个独立的经济部门，在社会再生产过程中处于"先行"的战略地位。这一点早已是世界各国的共识。新的运输工具的出现，运输能力的增加，运输速度的提高和质量的改善，运输成本的下降，都会刺激运输需求的增加。

六、运输需求价格弹性

（一）含义

一般情况下，运输需求弹性指的是运输需求的价格弹性。旅客运输需求中，生产性旅行需求的价格弹性较小，尤其是客运中有相当部分运量属于出差等各种形式的公费旅行，这部分运量对运价的弹性比较小。消费性旅行需求的价格弹性较大，但消费性旅行需求要受收入水平高低的影响，人均收入高的国家和地区，由于运输费用占收入的比例小，价格弹性小些，而在低收入的国家和地区，运价的变动对旅行者的影响要大些，故价格弹性要大。然而，在很多国家公共客运长期不进入市场调节的范围，旅客位移不能当作纯粹的商品，而是一种半福利品。在福利价格下，旅客票价仅相当于运输成本的 $1/3 \sim 1/2$，交通费用在家庭生活支出中占的比重非常小，因而价格变动对交通需求量的刺激是有限的。

货物运输需求的价格弹性往往与货物价值有关：价值小的价格弹性较大；价值大的价格弹性较小。价格弹性的大小还同货物的季节性以及市场状况等有关。例如，当某种货物急于上市销售或不易储存时，其运价弹性小，货主情愿选择运价高、速度快的运输方式，而不去选择运价低、速度慢的运输方式。此外，运输需求与资源分布及工业布局关系极大，它们决定了相当部分的货运量，这些运量一经形成，其运价弹性就比较小。又如，在铁路的货物发送量中，30% 左右是运距在 200 km 以内的，但其中的 70% 属于铁路专用线的运输，这部分运量已经形成比较固定的运输形式，对运价变动的弹性也比较小。如果希望利用提高铁路短途运价将一部分运量分散到公路上，使公路在短途零散货运中充分发挥作用，则这种措施对铁路专用线运量的影响是十分有限的。

不同运输市场上客货运输的需求弹性有很大差别，这表现在弹性与具体的运输方式、线路和方向有关。对能力紧张的运输方式、线路和方向，需求的价格弹性显然较小，运价变动尤其是运价提高对需求影响不大；而能力富裕的运输方式、线路和方向，需求的价格弹性就较大。

（二） 影响运输需求价格弹性的因素

1. 影响一般商品需求价格弹性的因素

（1）消费者对某种商品的需求程度取决于该商品是生活必需品还是奢侈品。一般消费者对生活必需品的需求强度大而稳定，所以生活必需品的需求弹性小，而且越是生活必需品，其需求弹性越小。例如，粮食、蔬菜这类生活必需品的弹性一般都小，属于需求缺乏弹性的商品。相反，消费者对奢侈品的需求强度小而不稳定，所以奢侈品的需求弹性大。例如到国外旅行这类消费的需求弹性一般较大，属于需求富有弹性的商品。根据一些美国经济学家在 20 世纪 70 年代的估算，在美国土豆的弹性系数为 0.31，咖啡的弹性系数为 0.25，而国外旅行的弹性系数为 4。

（2）商品的可替代程度。如果一种商品有许多替代品，那么，该商品的需求就富有弹性。因为价格上升时，消费者会购买其他替代品；价格下降时，消费者会购买这种商品来取代其他替代品。例如，据估算美国消费者航空旅行的需求弹性为2.4，主要就是因为航空旅行有汽车旅行、火车旅行等作为替代。相反，如果一种商品的替代品很少，则该商品的需求缺乏弹性。例如，法律服务几乎是不可替代的服务，所以需求弹性为0.5。

（3）商品本身用途的广泛性。一种商品的用途越广泛，其需求弹性也就越大；而一种商品的用途越少，则其需求弹性也就越小。例如，在美国，电力的需求弹性是1.2，这与其用途广泛相关，而小麦的需求弹性仅为0.08，就与其用途少有关。

（4）商品使用时间的长短。一般来说，使用时间长的耐用消费品需求弹性大，而使用时间短的非耐用消费品需求弹性小。例如，在美国电冰箱、汽车这类耐用消费品的需求弹性在2~1.6，而报纸、杂志这类看完就无用的印刷品的需求弹性仅是0.1。

（5）商品在家庭支出中所占的比例。在家庭支出中所占比例小的商品，价格变动对需求的影响小，所以其需求弹性也小；而在家庭支出中所占比例大的商品，价格变动对需求的影响大，所以其需求弹性也大。例如，在美国香烟占家庭支出的比例很小，其需求弹性为0.3~0.4，而汽车在家庭支出中的比例较大，其需求弹性就是1.2~1.5。

某种商品的需求弹性到底有多大，是由上述这些因素综合决定的，不能只考虑其中的一种因素。而且，某种商品的需求弹性也因时期、消费者收入水平和地区而不同。

2. 影响货物运输需求价格弹性的因素

为了发挥价格对供需的调节作用，一般情况下，我们希望市场需求是弹性需求，以便在可能的情况下，采取有效的措施改变市场的需求弹性。因此，了解运输需求价格弹性的影响因素将有助于制定合理的运输价格。

一般来说，运输需求价格弹性主要受以下几方面因素的影响：

（1）是否具有可以替代的运输服务。一个地区如果有几种运输方式，或者虽然只有一种运输方式，但是有多家运输服务部门可以满足市场对于运输的需求，那么就会给消费者带来更多的选择机会，使得运输服务的替代性增强，从而形成较大的运输需求价格弹性；反之，若没有可替代性的运输服务，需求者选择的机会就少，运输需求价格弹性就小。

（2）运输费用在产品总生产费用中所占的比重。运输需求的价格弹性往往取决于货物的价值。货物的价值越高，运输费用在总生产费用中所占的比重就越小，货主对于价格的敏感程度也就越低，他所关心的可能是其他的问题，如安全性、快速性、服务质量等，因此价格弹性就会很小，艺术品、贵重物品的运输大多如此。如果货物的价值较低，则运输费用在产品总生产费用中的比重就大，运输费用的多少将直接影响产品的价格，从而影响其销售，在这种情况下，运输的消费者对于运价就会比较重视，如果定价过高，消费者有可能去选择其他的运输方式，因此，所运输的货物价值越低，其价格弹性就越大，例如蔬菜运输。

（3）时间的紧迫性。价格弹性的大小还同货物的季节性以及市场状况有关。当某种货物急于进入市场销售，或者属于易腐易烂的食品等货物，其运输的需求者一般宁愿选择价格较高但速度快的运输方式，尽快把货物推向市场，而不会去选择运价低、速度慢的运输方式，因此运输需求的价格弹性就小；反之，如果货物的所有者有充分的市场时间，那么他会选择运输速度慢但价格较低的运输方式，或者干脆等待运输价格的下降，此时运输需求的价格弹性就比较大了。

3. 影响客运需求价格弹性的因素

（1）旅行的目的。在所有影响客运需求价格弹性的因素中，最重要的因素就是旅行的目的。某些类型旅行的价格弹性远低于其他种类的旅行，特别是商务或公务旅行需求对于运输价格的变化反应比其他原因的旅行要迟钝得多。

（2）居民的收入水平。在居民收入水平较高的地区，其运输需求对价格的变动就不敏感，人们旅行时一般只求安全、舒适、快速。而在低收入的地区，运价对旅行者的影响较大，因为经济性是旅客考虑的主要因素之一，在这种情况下，运输需求价格弹性必然要大一些。

（3）出行的距离。在同一运输方式内部，运距越长，其对价格的敏感程度就越高。因为运输距离越长，运输的总价格就越高，价格变动的百分率所影响的运输费用的绝对量就越大，给运输消费者的心理上会带来一定的影响。这一规律同样适合于货物运输。

七、效用与运输产品效用

（一）效 用

效用是指商品满足人的欲望的能力，或者说，效用是指消费者在消费商品时所感受到的满足程度。一种商品对消费者是否具有效用，取决于消费者是否有消费这种商品的欲望，以及这种商品是否具有满足消费者欲望的能力。效用这一概念与人的欲望是联系在一起的，它是消费者对商品满足自己欲望的能力的一种主观心理评价。

效用是对欲望的满足。效用和欲望一样是一种心理感觉。某种物品效用的大小没有客观标准，完全取决于消费者在消费该种物品时的主观感受。例如，一支香烟对吸烟者来说可以有很大的效用，而对不吸烟者来说则可能毫无效用，甚至有负效用。因此，效用本身既没有客观标准，又没有伦理学含义。对不同的人而言，某种物品所带来的效用是不同的。

（二）运输产品的效用

讨论运输产品的效用，实际上是在讨论为什么消费者要购买运输产品，以及运输产品能在多大程度上来满足消费者的需求。

一般情况下，消费者购买运输产品是为了在最后的目的地能得到某种利益。自然也有"爱驾车兜风者"和"旅行家"等原因来选择运输产品的，但毕竟是特例。大多数的客运需求是为了达到自己"运动"至某一地的愿望。货运的需求则是来自于经济的目的，显然，客观上运输实现的是物品的使用价值与价值的统一，但消费者在选择的时候是不会考虑这一点的。货物运输的使用者会把运输当作生产中的一个环节，要花费一定的费用，并总是要使之尽可能低，以期获得更大的收益。同时，无论是货运还是客运需求，大多有及时性、安全性、舒适性等共性的要求。

运输产品的效用具有下面几方面的特征：

满足消费者"位移"的需要。这是各种运输方式的共同特征，也是运输最为重要的效用。但各种运输方式在满足消费者需要的时候又各自表现出自己的特征，铁路、公路、水运、航空和管道都可以由消费者根据各自的情况来选择，从而达到运输的最大效用。在条件允许的前提下，大批量的原油运输最好使用水运或管道运输，如果使用航空运输的话，恐怕没有人会觉得有这种必要。

运输产品效用受到消费者收入水平的约束。人们在选择各种运输方式的时候，虽然目的都是一样，但优先考虑的要求却不尽相同。经济收入较低的消费者在选择的时候只要运输价格能够足够低就认为是很高的效用了，而经济收入较高的消费者就可能会对价格有所忽略，转而寻求运输的及时、舒适、服务质量等方面的满足。即便时间允许，如果让高收入人群在长途出行的时候选择铁路运输，恐怕就不会有多大效用，而对于低收入人群来讲，铁路运输的效用就是较高的了。

运输产品的效用本身就是一种派生效用。这一特征来自于运输需求本身的派生性。从整个社会再生产的角度分类，所有产品可以划分为最终产品和中间产品两部分。最终产品是指用于最终消费的产品，而中间产品是指生产环节消费的产品，是生产最终产品的消费。运输消费几乎都源自于人们对中间产品和最终产品消费需求的派生要求，极少有"为运输而运输"的情况，因此，运输产品的效用首先就是要保证其他产品效用的实现。无法想象，如果将一个产品以非常高的运输质量，运送到并不需要这个产品的消费者手中时，消费者会对这次运输感到满足，这样的运输自然也就谈不上什么效用了。所以，运输的效用就是要"在合适的时间，用合适的方式和合适的价格，将合适的货物，送到合适的地方"。

第二节　公路运输供给分析

一、运输供给的概念

运输供给是指在一定时期内、一定价格水平下，运输生产者愿意而且能够提供的运输服务的数量。运输供给必须具备两个条件，即运输生产者出售运输服务的愿望和生产运输服务的能力。缺少任一条件，都不能形成有效的运输供给。

运输供给包含如下四个方面内容：

1. 运输供给量。通常用运输工具的运输能力来表示，说明能够承运的货物和旅客的数量与规模。

2. 运输方式。指水运、铁路、公路、航空和管道五种不同的运输方式。

3. 运输布局。指各种运输方式的基础设施在空间的分布和活动设备的合理配备及其发展变化的状况。

4. 运输经济管理体制。它是运输软件的供给，是指指导运输业发展所相应建立的运输所有制结构、运输企业制度、运输资源配置方式以及相应的宏观调节机构、政策和法规等。

运输供给是由现有的社会运输能力所确定的，或者说现有的运输能力是运输供给的基础因素。当现有的运输能力发生变化时，如运输基础设施建设增加、运输工具增加或减少时，运输供给就会发生改变。

二、运输供给量及其变化

运输供给的大小通常用运输供给量来描述。运输供给量是指在一定时间、空间和一定的条件下，运输生产者愿意而且能够提供的运输服务的数量。在这里，"一定的时间、空间"同运输需求量中时间、空间的含义是相同的;"一定的条件"指的是影响运输供给的诸多因素,如政府对运输业的政策、运输服务的价格、运输服务的成本等。

运输供给是指在不同价格水平下运输生产者愿意且能够提供的运输服务,它表示的是供给量同运价之间的一种对应关系,一个特定的运输供给对应于一条供给曲线。而运输供给量则表示在一确定的价格水平上,运输生产者提供的运输服务数量,它对应于供给曲线上一点。运输供给量的变动就是当非价格因素不变时,供给量随运价变化而沿供给曲线移动,每一运价水平对应一个相应的供给量;运输供给的变动是非价格因素变化时导致的供给曲线的位移,如果供给发生了变动,即使价格不变,运输供给量也会发生变化。

三、影响运输供给和供给量的因素

影响运输需求的某些因素同样会影响运输供给和供给量,这主要体现在以下几个方面。

(一) 经济因素

一个国家或地区的经济状况直接影响着运输供给的发展。综观世界各国,运输业最发达、运输供给水平最高和运输供给能力最强的国家,是经济发展水平最高的发达资本主义国家,而广大的发展中国家,大多都是运输业落后、运输供给短缺的国家。就一国经济发展的历史也可以看出,运输供给能力和水平是受制于该国当时的经济发展总水平的。国家或地区的经济实力越强大,越可能拿出更多的国民收入投入到运输基础设施建设和运输设备制造中去。从一个国家不同地区的局部运输供给也可以看出上述规律性,如:我国珠江三角洲、长江三角洲、京津唐地区、辽东半岛、山东半岛等是我国经济发达地区,也是运输供给水平较高的地区,其运输基础设施比较完备、运网密度较大、配套水平较高、运输供给能力较强;而青藏高原地区是我国经济最落后的地区,也是运输供给能力最差的地区。

(二) 政治和军事因素

运输业是一个国家重要的基础产业,它不仅关系到一个国家经济的发展、政治的稳定,而且也关系到国防的巩固。各国政府一般都对运输业实行不同程度的干预,因此政治和军事因素也对运输供给产生重要的影响。运输政策是影响运输供给的重要政治因素,它是一个国家为发展运输业而制定的准则,是经济政策的组成部分。运输政策制定需要从经济、政治、军事以及国际社会等各个方面加以考虑，因而是国家利益的重要体现。特别是对运输业的重要领域，如国际航运业，各国政府或给以财政支持，或给以行政和法律保护。这些扶持和保护的政策措施无疑对运输供给能力的增加提供了有力的支持。

军事运输是一个国家运输业的重要组成部分。运输经济学的研究对象虽然不包括军事运输，但军事因素对运输业的影响是显而易见的。一个国家运输网的规划、设计和建设不能不考虑到国防建设和军事上的需要，军事运输要经常利用民用运输线路。在战时，民用运输也要服从军事需要；同样，军事运输线路在平时也可以转为民用运输。我国在20世纪70年代所修建的"战备公路"，今天仍在经济建设中发挥着重要的作用。

（三）技术因素

科学技术是推动社会发展的第一生产力，也是推动运输业发展的第一生产力。新型运输工具的出现、运输工具性能的重大改进无一不是科技进步的结果。科学技术对于提高运输生产效率、降低运输成本、提高运输服务质量、提高生产的组织管理水平起着重要作用。从运输工具的发展史上就可以看到科学技术在提高运输供给中的巨大作用。因此，科学技术的应用既提高了运输供给量也提高了运输供给能力。

（四）市场价格因素

市场价格因素的影响体现在运输服务价格、运输服务成本、运输的相关市场的价格等方面。运输产品价格是影响运输供给量的重要因素。在其他因素不变的情况下，运价同运输供给量呈同方向变化趋势。当价格降低时，运输企业往往为了减少油耗而降低运输设备运行速度，不会增加成本到异地载货而宁愿等待，甚至于停航封运等使得供给量减少；反之，运价升高时，运输企业不断挖潜，多装快跑，提高运力使用能力，使得运输供给量增加，运输价格是由运输成本所决定的。引起运输成本变动的因素很多，主要是生产要素价格和生产技术状况。生产要素价格上涨，必然导致运输成本的增加，使运输供给量减少；生产技术的进步则意味着运输能力的提高或运输成本的降低，其结果是能够在原运价水平下增加运输供给量。运输的相关市场如运输工具的制造市场、运输工具的买卖市场等，其价格也将影响投放到运输市场上的供给能力。如买卖船市场的动态行情往往反映闲置吨位进出市场的趋势。

价格因素不仅是影响供给量的重要因素，还是影响供给的重要因素。由于市场价格的上升，也会刺激社会资源向运输领域转移，使得车、船产量增加，运输供给得以提高；反之，市场萧条，大量运输工具报废或解体使得运输供给减少。

四、运输供给的特征

（一）运输设施的能力决定着运输供给能力

运输生产活动是通过运输工具使运输对象发生空间位置的变化，不生产新的物质产品。运输产品的生产和消费是同时进行的，它不能脱离生产过程而单独存在，所以，不能像一般工业一样，可以将产品储存起来，这就是运输产品的不可储存性。一般工业可以通过产品储备的形式适应市场供需变化。而运输产品的非储存性决定了运输业不能采取产品储备的形式，而只能采取运输能力储备的形式来适应运输市场变化。

运输业有着固定设备多、固定资产投资大、投资回收期长等特点，运输能力的设计多按运输高峰的需求设计，具有一定的超前量。运输能力的超前建设与运输能力的储备对运输市场来说，既可适应市场需求增长的机遇，也可能因市场供过于求而产生风险。因为运力储备越大，承担的风险越大，适应市场需求的能力也大；相反，运力储备小或没有储备，承担的风险小，但适应市场需求的能力也小，这一点在国际航运市场上尤其明显。

（二）运输供给的不平衡性

运输供给的不平衡主要表现在以下三方面。①受运输市场运价和竞争状况影响，当运输市场繁荣时，刺激运力投入；当运输市场萧条时，迫使运力退出。②运输需求的季节性不平衡，导致运输供给出现高峰与低谷供给量的悬殊变化。这两方面都带来运输供给量在时间分布上的不平衡。③由于世界经济和贸易发展的不平衡性，运输供给在不同国家（地区）之间也呈现出一定的不平衡性。经济发达国家（地区）的运输供给量比较充分；而经济比较落后国家（地区）的运输供给量则相对滞后。运输供给的不平衡性在我国国内市场上表现得不是很明显，而在国际运输市场上表现突出。供给与需求的平衡是暂时的、相对的，而不平衡却是绝对的、长期的。

（三）运输供给使用的不充分性

运输业是特殊产业部门，其生产与消费过程是同时进行的，运输服务的生产过程既是运输对象发生位移的过程，亦是运输服务的消费过程。但这并不意味着运输产品的生产必然能与运输产品的消费相结合，现实中生产与消费脱节的现象不可避免。如运输需求在运输时间上的规律性、在运输方向上的单向性、个别运输需求对运输工具的适应性等都会导致运力浪费；为实现供需时空结合，企业要经常付出空载行驶的代价，这种由于供给与需求之间在时空上的差异所造成的生产与消费的差异，使运输供给者必须承担运力损失、空载行驶等经济上的风险。所以，运输活动的经济效果取决于供需在时间与空间的正确结合上，这就要求运输企业掌握市场信息，做好生产组织，运用科学管理方法提高企业经营管理水平。

（四） 运输供给的成本转移性

同运输生产的时空差异带来运力浪费情况相反的是，运输供给能够在较大范围内超额生产，并不带来成本的明显上升。这种情况在我国各种方式的旅客运输中较为普通。运输企业可以在成本增加很少的情况下，在需求允许时增加供给量（运输工具超载），但伴随而来的是运输条件的恶化、运输服务质量的下降，使得本该由运输企业承担的成本部分地转移到消费者身上。运输供给的成本转移还体现在由运输活动带来的空气、水、噪声等环境污染，能源和其他资源的过度消耗，以及交通阻塞等成本消耗也部分地转移到运输业外部的成本中。

（五） 运输供给的可替代性与不可替代性

在现代运输业中，铁路、公路、水运、航空、管道等多种运输供给方式同时存在，各种运输方式中的千千万万个运输供给者同时存在，并都有可能对同一运输对象进行空间位移。在这种情况下，运输需求者完全可能根据自己的意愿来选择任何一种运输方式中的任何一个运输供给者，这就是运输供给的可替代性。这种可替代性构成了运输业者之间的竞争。但这种可替代性又是有一定条件的，因为运输需求和运输供给有时空特定性的特点，各种运输方式的技术经济特征不同、发展水平不同、运输费用不同、运送速度不同、在运输总供给中的分工和地位不同，都决定了运输供给的可替代性会受到不同程度的限制。因此，运输供给的可替代性与不可替代性是同时存在的，运输市场的供给之间既存在竞争、垄断，也存在协作关系。

五、运输供给的价格弹性

运输供给的价格弹性是指在其他条件不变的情况下，运价变动所引起的供给量变动的灵敏程度。

（一）影响一般商品供给价格弹性的因素

供给取决于生产。影响供给价格弹性的因素比影响需求价格弹性的因素要复杂得多，主要有这样一些因素：

（1）生产时期的长短。在短期内，生产设备、劳动力等生产要素无法大幅度增加，从而供给无法大量增加，供给弹性也就小。尤其在特短期内供给只能由存货来调节，供给弹性几乎是零。在长期中，生产能力可以提高，因此供给弹性也就大。

（2）生产的难易程度。一般而言，容易生产而且生产周期短的产品对价格变动的反应快，其供给弹性大；反之，生产不易且生产周期长的产品对价格变动的反应慢，其供给弹性也就小。

（3）生产要素的供给弹性。供给取决于生产要素的供给。因此，生产要素的供给弹性大，产品供给弹性也大；反之，生产要素的供给弹性小，产品供给弹性也小。

（4）生产所采用的技术类型。有些产品采用资本密集型技术，这些产品的生产规模一旦固定，变动就较难，从而其供给弹性也小；有些产品采用劳动密集型技术，这些产品的生产规模变动较容易，从而其供给弹性也就大。

在分析某种产品的供给弹性时要把以上因素综合起来。一般而言，重工业产品一般采用资本密集型技术，生产较为困难，并且生产周期长，所以供给弹性较小。轻工业产品，尤其是食品、服装这类产品，一般采用劳动密集型技术，生产较为容易，并且生产周期短，所以供给弹性大。农产品的生产尽管也多采用劳动密集型技术，但由于生产周期长，因此也是缺乏供给弹性的。

（二）影响运输供给价格弹性的因素

（1）生产要素适应运输需求范围的大小。运输服务就是使运输对象发生空间位移，但由于个别运输需求的差异性，导致运输服务的生产要素的差异性。如果生产要素适应运输需求的范围大，则供给弹性就大；如果生产要素适应运输需求的范围小，则供给弹性就小。如杂货船与油轮相比，杂货船适运货物范围广，在运输市场上便于灵活调配，供给价格弹性大；而油轮专用性较强，较难转移到其他货类市场，因此供给弹性较小。

（2）调整运力的难易程度。一般来说，能够根据价格的变动灵活调整运力的产业，其供给价格弹性大；反之，难于调整运力的，其价格弹性就小。如定期船市场与不定期船市场相比，前者调整运力较困难，供给价格弹性较小；后者调整运力较容易，供给价格弹性较大。

（3）运输成本增加幅度大小。如果一种运输服务增加供给引起的成本增加较大，那么，其供给弹性就小；反之，如果增加的成本不大，其供给弹性就大。如旅客运输在满员情况下还能超员运输，其成本随运量变化而增加的幅度小，则供给价格弹性大。相对而言，处于运量饱和的货物运输再增加运量，就必须增加运输工具等，因此带来成本增加幅度大，此时的供给价格弹性小。

六、运输供给价格弹性的特点

（一）同考察期间的长短有关

运输业是资金密集型产业，有初始投资大、建设周期长、运力储备风险较大等特点。所以短时间内调整运力不易做到，供给价格弹性较小。但从长期考察，运输市场在运价的作用下，供给与需求会逐步趋于相互适应，表明在长期内运输供给具有足够的弹性。

（二）同运输市场上供需的相对状况有关

当需求量低时，通常运输市场供给过剩，因此具有较大的供给价格弹性；需求量高时，通常运输市场供给紧张，即使价格上升，也无大量供给投入，因此供给弹性较小。

（三）同运价波动的方向有关

运价朝不同方向变化时，运输供给价格弹性大小亦不同。一般地说，正价上涨时刺激供给增加，运输供给弹性较大；运价下跌时，供给并不情愿退出市场，只有实在难以维持才被迫退出市场，故供给弹性较小。

（四）同运输市场范围有关

运输经营者往往是分布于各个地区的大小承运人，其行动基本上是相互独立的。各个经营者无力左右运输市场运价，只能在一定的运价水平下采取一定的营运策略。当运价上涨或下跌时，运输公司将采取复运或停运、租进或租出运力、买进或卖出运输工具、推迟或提前报废运输设备等策略以增加或减少运力供给。如果市场形势在较长时期内运价坚挺，这将进一步刺激投资建造新运输设施或工具的兴趣，竞相订造新运输设施或工具以增大供给能力，因比个别的供给弹性较大。

从整个运输市场考察，可能与个别供给有所不同。在短期内运价上升，虽有租进运输设备、买进运输设备等活动，但是在新运输设备投入市场之前，整个市场的供给量不会有显著增加，其主要增加的运力是复运运输设备和加速运输的结果。当运价上涨并且在一段时间内保持较好的水平时，必然会引起运输工具价格的上升，这时，用巨额投资建造新运输设备的热情会有所减弱。因此，整个市场的供给弹性相对较小。

七、运输供给的结构

（一）水路运输

1. 水路运输的特点

（1）运输能力大、运输成本低、投资少

水运与其他运输方式比较，其优越性之一是量大、效率高，一般万吨轮的货运量可抵4列火车。无论内河船还是海船，水路运输工具的运载能力都很大，如我国长江干线上的大型顶推船队，其载货量已达3万t，相当于10列火车。航道的通过能力也居各种运输方式之首，如长江下游的年通过能力可达11亿t。

水运的港口费用很高，但其船舶运输费用很低。这主要是因为船舶的装载量大、燃料消耗量小。水路运输成本在各种运输方式中是最低的。据美国测定，同样消耗1 kg燃料，大型柴油卡车可运货25 t·km，火车可运93.4 t·km，内河驳船则为218 t·km，我国内河运输的单位能耗约为铁路的2/3。对于煤炭、石油、矿石、木材、粮食、化肥、钢铁、盐、砂、集装箱等大宗运输，利用水运比铁路、公路、航空运输具有更大、更多的优越性。世界上许多大城市都是在水边发展建设起来的。密西西比河和莱茵河两岸建成了工业走廊和成千上万个工厂，充分证明了在水边建设工厂、充分利用水运的经济合理性。我国长江沿岸建成的一批大型钢厂、电厂和化工厂、炼油厂等大型企业，可有效地利用天然水资源，既可降低工业原料和产品的运输成本，又促进了沿江两岸的工农业生产和经济贸易发展。

水路运输航道一般天然形成，不需要太多投资。海上运输航道一般不需要支付费用，内河疏浚的投资也较公路少得多。水路运输的投资主要集中在港口建设和船舶的购置上。

（2）技术速度和运送速度较低

水路运输无论在技术速度上还是运送速度上都比公路运输和铁路运输低，这是由其运输阻力的特性决定的。船舶要提高航速，其燃料消耗成本都会大幅度上升。水路的运送速度仅为铁路的 1/3~1/2，因此不适合运输对时间效益要求高的货物。

（3）时间准确性和灵活性差

水路运输的持续性强，适合长距离的运输，是国际间货物运输的主要方式，但易受气候条件影响，时间准确性较差。

水路运输基本上是两点间的运输，受航道限制，灵活性较差，不能实现"门到门"运输，且因其装载量大，必须有其他运输方式为其集散客货。

2. 水路运输的适用范围

水路运输是最经济的运输方式，对大宗原料性物资的运输有着明显优势。我国有丰富的水运资源可以利用，在综合运输体系中水路运输应成为主要运力。其适用范围主要有三点：①国际货物运输；②长途大宗货物的运输；③在综合体系中发挥骨干作用。

（二）铁路运输

1. 铁路运输的特点

（1）运输能力大

铁路输送能力和通过能力大。铁路运输的牵引动力和功率可达数千千瓦，牵引货物列车的重量多在千吨以上。我国京沪、京广等干线铁路已开行 5000 t 的货物列车，大秦铁路上运行的重载运煤列车已达万 t。国外长大列车达 2 万 t 以上，如 2001 年 6 月 22 日在澳大利亚西部的皮尔巴拉地区开行的一列 7353 m 长的列车，车上装载着 82 000 t 铁矿石，总重量达 10 万 t。据报道，这列火车是世界上最长的列车，8 辆机车拉动着这列车，用 10 个多小时才完成了 275 km 的行程，抵达黑德兰港。一般来说，单方向自动闭塞双线铁路货物运输量每年可达 1 亿 t。日本新干线开行的旅客列车间隔时间是 7 min，全列车 1400 个座位，年运送旅客达亿人次。我国京沪高铁目前开行的旅客列车最短间隔时间是 5 min，2015 年运送旅客量达 1.3 亿人次。

（2）安全程度高

铁路运输采用了大量的先进技术用于行车控制，有效地防止了列车冲突事故和旅客伤亡事故，大大提高了铁路运输的安全性，其事故率远较公路运输低得多。

（3）运输的能耗低、成本低

铁路运输的能耗较航空和公路运输的能耗要低得多。铁路运输的成本在各种运输方式中也是较低的，仅高于水路运输，但只是公路运输成本的 1/11，为民航运输成本的 1/128，在美国则分别为 1/5 和 1/8。

（4）有较高的技术速度和运送速度

常规铁路列车的技术速度可达 80～100 km/h，准高速列车可达 160～250 km/h，高速铁路可达 300 km/h 以上。但高速化运输会加大铁路运输的燃料消耗和运输成本。在长距离运输中，铁路的技术速度可以得到发挥，但在短途运输中受其自身技术组织因素的影响，运送速度仅是公路运输的 1/5 左右。

（5）始发终到作业量大、时间长、灵活性差

铁路运输的装卸作业量和成本都较公路运输要高。此外，铁路还要进行编组作业，作业量大、时间长，对铁路运送速度影响较大。这一点在短途运输上的表现尤为突出，造成其短途运输无论是在成本上，还是在运送速度上都较公路运输差。

从技术上讲，铁路沿线的运输需求，铁路虽可满足，但过密的站点会大大降低铁路线路的通过能力和运送速度，所以铁路的站间距应适当扩大。并且铁路列车的运量较大，除少数有专用线的企业外，大多数货物和旅客必须有汽车为其集散客货。

此外，铁路运输还有投资大、建设周期长、计划性和准时性强的特点。在目前和今后相当长的时间内，铁路运输都将作为主要运力存在与发展。

（6）铁路在综合运输体系中起重要的作用

铁路是保证我国客运通畅的重要运输方式之一，是中长途旅客运输的主要力量。从各种运输方式所占份额来看，2015 年铁路旅客发送量 25.35 亿人，旅客周转量 11 960.60 亿人·km，铁路旅客发送量虽然只占全社会客运量 194.32 亿人的 13%，但旅客周转量却占全社会旅客周转量 30 047.01 亿人·km 的 39.8%，是我国客运的重要运输方式之一。从旅客平均行程看，2015 年铁路为 472.75 km，高速公路仅为 100 多千米，这说明在客运市场中，公路在短途旅客运输方面有优势，铁路在中长途方面占有优势。

从宏观经济角度看，铁路建设投资对拉动经济增长具有重要的作用。发展铁路运输业可以增加对建材、钢铁、石油、电力、煤炭、机械设备制造及商业等国民经济重要产业的需求，从而带动这些行业加快发展。

从国民经济可持续发展角度看，铁路运输占有明显优势。铁路具有运量大、能耗低、污染小、安全性强、用地省等优点，被誉为"绿色交通工具"，是一种比较理想的运输方式。近几年来，各种交通运输方式发展迅速，竞争日趋激烈，铁路作为国民经济的重要基础设施，与其他运输方式一起，为经济发展、社会进步、提高人们生活质量做出了贡献。但各种运输方式发展不够平衡，铁路供需矛盾并未根本解决。

2. 铁路运输的适用范围

从铁路运输适用的范围看，它主要应承担：①中长距离的运输；②长距离大宗货物的

运输，特别是长距离的货物运输；③在联合运输中发挥重要作用，在陆上联合运输中发挥骨干和纽带作用。

（三）公路运输

1. 公路运输的特点

（1）机动灵活、适应性强，可以实现"门到门"的运输

汽车对路面要求不高，克服障碍能力较强，可以深入广大的农村、山区，并在抢险救灾中被广泛应用。汽车对货运量的要求不高，可以为大批量货物运输服务，也可以满足零星货物运输的需要，既可以完成短途客货运输，也可以承担部分零星的中长距离运输及其他运输方式不能到达情况下的长距离运输。

汽车由于其技术特性决定其可以很好地接近客货源，从而缩短在装卸作业时的搬运距离，减少装卸作业量，降低装卸费用。这在铁路运输、水路运输、航空运输上是做不到的。稠密的公路网和城市公路使汽车的机动灵活性得以充分发挥，可以使汽车无处不在。如果说管道运输、航空运输是"点"上的运输，铁路运输、水路运输是"线"上的运输的话，公路运输则可以称为"面"上的运输，其方便性是其他运输方式不可比拟的。

此外，公路运输的直达性好，运输过程不需要其他运输方式协助就可以实现。而铁路运输、水路运输、航空运输一旦离开汽车为其集散客货就很难进行。

（2）有较高的运送速度

汽车的技术速度在各种运输工具中并不是最快的，它比飞机和火车都慢。但由于汽车可以实现"门到门"直达运输，因此公路运输的运送速度较铁路高，特别是 200 km 以内的短途运输，其运送速度是铁路的 5 倍左右。

（3）初始投资少、资金周转快、易兴办、资金转移的自由度大

公路运输企业的固定资产主要是各种车辆、装卸机械和汽车用场站，而投资最大的公路工程往往由国家投资，具有公用设施的性质，运输企业只需要缴纳养路费和过路过桥费。因此，公路运输的初始投资小，并且其生产的协作性比其他运输方式都低，规模可小可大，小的一辆、几辆车，大的可拥有成百上千辆车。公路运输所用车辆设备的用途广泛，在不用时转移的自由度大，因此从供给弹性来看，比其他运输方式都大。

（4）运输工具载运量小、持续性差

汽车的单位载运量较铁路列车、船舶小得多，因此在人力消耗和运输能力上远远小于铁路和水路运输。由于技术原因，汽车可持续行驶的里程也较铁路、水路运输短得多。

（5）运输成本较高

公路运输成本中燃料消耗、车辆折旧两项要远远高于铁路和水路运输，在长距离运输上不合理。

（6）安全性差，环境污染严重

公路运输的交通事故无论是数量上还是造成的损失总量上都较其他运输方式多。此外，汽车的尾气、噪声对环境的污染也严重。各种运输工具中，对大气污染最严重的首推汽车排放的主要污染物—氧化碳、碳氢化合物、氮氧化合物和铅微粒，这些物质对人类和生物造成了严重危害。据资料显示，美国每年汽车排放到大气中的污染物质达 2 亿 t 左右，约占各种污染源排放量的 60%。机动车发出的噪声主要是发动机、轮胎、排气、吸气、刹车、喇叭、机械摩擦撞击所发出的声音，对人的危害也很大。为了减少公害，各国先后颁布了法规对汽车排放污染物予以限制，我国也颁布了车辆废气排放标准。

2. 公路运输的适用范围

（1）公路运输是承担短途客货运输任务的主要运力；

（2）公路运输为其他运输方式集散客货；

（3）鲜活易腐货物的运输能充分发挥汽车机动灵活、运送速度快的优势；

（4）公路运输在综合运输体系中起补充和衔接的作用。

（四） 航 空 运 输

1. 航空运输的特点

（1）高速性

高速是航空运输的最大优势，喷气式飞机时速在 900 km 左右，是铁路运输的 10 倍。在长距离运输上，航空运输的速度优势发挥得最好；但如果运输距离较短，由于航空运输集散客货需要时间，对运送速度的影响较大，高速性就难以发挥。因此航空运输不适合短距离的运输任务。

（2）不受地形限制，可取最短路径

飞机在空中飞行，不受地面障碍的限制，可在两点之间直线运行，运输距离最短。在抢险救灾时，其他运输方式因线路破坏无法到达，航空运输却能将人员、物资送到，这是其他运输方式做不到的。

（3）客运的舒适性强

航空运输的舒适性首先表现为大大缩短旅客的在途时间。例如，从北京到乌鲁木齐乘火车最快要 31 h，而乘飞机只需 3 h。再有，喷气式飞机的飞行高度一般在 1 万 m 以上，不受低空气流的影响，飞行平稳、噪声小，加之机上的优质服务，客运的舒适性很高。

（4）运输成本高

航空运输燃料消耗量大，运输成本在各种运输方式中是最高的，经济性较差。

2．航空运输的适用范围

航空运输主要适用于长距离、对时间性要求高的客货和贵重货物的运输以及抢险救灾物资的运输。

（五）管道运输

1．管道运输的特点

（1）运输量大

根据管径大小，一条管道每年的运输量可达数百万吨至数千万吨，甚至超过 1 亿 t。一条直径 720 mm 的管道，年输送原油可达 2000 万 t 以上，相当于一条铁路的运量，易于全面实现自动化管理。

（2）占用土地少

管道埋于地下的部分占其总长度的 95%，并且可以埋入农作物种植所需深度以下，占地少，受地形、地貌限制小，宜选取短捷路径，缩短运输距离。

（3）能耗低，运输费用低

管道运输在大量运输时的运输成本与水路接近，燃料消耗量也比铁路低得多。例如，原油运输管道的单位能耗只相当于铁路的 1/12～1/7。

（4）污染小

管道运输无噪声污染，且管道的漏失量极小，基本上不产生废渣、废液，不会对环境造成污染。

（5）安全性好

管道运输的货物中，危险品占有较大的比重。易燃的油料在管道中运输既可以减少挥发，又能保证运输安全性，很适合管道运输。管道安全密闭，基本上不受恶劣气候的影响，能够长期安全稳定运行。

（6）灵活性差

管道运输只能完成两点之间单一品种货物的单向运输，很难适应运量、货种的变化。设施转移的自由度很低，一旦停运，只能报废，不像其他运输方式还可移作他用。

2. 管道运输的适用范围

目前管道运输在交通运输体系中主要在原油、成品油、天然气及煤炭这几种特定货物的运输上有优势。

（六）多式联运

多式联运是指在两种以上的运输方式之间实行两程以上的相互运输衔接、相互接力，联合实现货物或旅客的全程运输。

多式联运是多种运输工具、多道运输环节、多种运输方式衔接的组织方式。通常可以理解为铁路、公路、水路、航空等各运输环节联结起来的运输方式。联合运输是按照社会化大生产的客观要求组织运输的一种方法，用以谋求最佳经济效益，它对于充分发挥各种运输方式的优势，组织全程运输中各环节的协调配合，充分利用设备，加快车船周转，提高运输效率，加速港口、车站、库场货位周转，提高吞吐能力，缩短货物运达期限，加速资金周转，方便货主和旅客简化搬运和乘车、船、飞机手续，活跃城乡经济，促进国民经济发展，提高社会经济效益，都具有明显的实效。

多式联运的优点主要有：

方便旅客和货主，实行一票到家，简化旅行和托运手续。

减少旅客中转业务手续和货物运输中转搬运环节，缩短旅客或货物流转时间和全程运费支出，节约大量的人力、物力、财力，能取得较好的经济效果，而且效率高，加快运达速度。

提高不同运输方式的协作配合，计划性强，使客源、货源相对稳定，提高参加联运企业运输工具的利用效率，资源利用率高。

联运把一些地区的运输手段结合为新的综合运输能力，扩大了运输组织面，从而为选择经济运输线路提供了新的条件，促进了合理运输。

我国地域辽阔，水、陆、空交通交错，运输方式多种多样，旅客或货物往往需要几次中转才能完成联合运输，因此实行联运是十分必要的。国际联运方面，工业发达国家极其重视组织多种运输方式的联运，在公路、铁路联运中已广泛采用"驮背"运输，即把汽车拖挂的挂车或带底盘车的集装箱直接装上铁路车辆，运至中转地点后，再用汽车拉走，这样可节省装卸和包装费用，减少货损，有利于开展"门到门"运输。许多国家的运输业为了提供多样化服务，满足货主需要，较为普遍地成立专业性货运公司，负责办理承、托和组织货源工作，既为货主提供劳务，又为运输业提供货源。例如，美国联邦快运公司在美国 125 个城市中设有服务网点，负责承运小件货物。法国包裹运输公司在法国有 17 个换装中心站和 350 个联运作业网点。瑞典 ASG 货运公司除在其国内形成联运服务网外，还把其分支机构或有相互业务往来的货运公司扩展到世界各地，形成国际货运代理网，开展国内外货物的承、托运和运输咨询业务，实行"一次托运、一票直达、一次清算、一次保险"，并采用电传、信使等手段，加快送达速度和结汇时间。

联合运输是现代运输发展的必然趋势，具有强大的生命力和发展前途，已经得到越来越多的重视。

第三节　公路运输的供需平衡

一、运输需求与运输供给的关系

运输业中供给与需求之间的关系，从总体上来看一般有以下三种情况发生。①供给与需求之间始终是均衡发展的，即运输总供给与运输总需求正好相一致，运输供给能力与经济发展所产生的运输需求正好相适应。显然，这是一种十分理想的状态，我们可称之为"绝对均衡"。②供给与需求之间出现不平衡，其中又有两种情况：一种情况是运输总供给滞后于运输总需求，从而不能满足经济增长引发的运输需求对运输供给能力的要求；另一种情况是运输总供给能力超过了运输总需求的增长，即运输业跑到了经济增长的前边，以现成的运输供给能力等待经济发展所产生的运输需求。这两种情况都可以称为"不均衡"。③供给与需求之间的"相对均衡"，即运输供给能力基本满足运输需求增长的需要，或者供给稍稍超前于经济发展，或者供给稍稍滞后于经济发展，两者之间并不出现大的跨越，相互协调地向前发展。

在上述三种情况中，"绝对均衡"是不存在的，"不均衡"是不可取的，"相对均衡"是可以达到的。

运输需求与运输供给是相互联系的两个方面，两者之间的关系是辩证统一的。一方面，运输需求的产生来自于经济的发展，而经济发展所派生的运输需求在客观上要求运输供给的发展与其相适应，这就是运输需求决定着运输供给；另一方面，运输供给一经产生就有了自身的相对独立性，并且会反作用于运输需求，从而推动经济的增长和发展。因而，运输需求与运输供给之间的关系是辩证的，它们相辅相成、相互促进、共同发展，共处于一个统一体之中。

二、运输供需均衡的市场机制

运输市场的均衡是指市场上各种对立、变动着的力量，在相互冲突、调整、运行过程中，出现相对力量相当、供给与需求处于暂时平衡的状态。

均衡分析就是从运输供给与运输需求两方面的对比关系来考察市场状态及其变化规律。根据所考察的对象与前提，均衡分析可以分为局部均衡分析和一般均衡分析。局部均衡分析是假定在其他条件不变的情况下，分析某一货类或运输工具的供给与需求达到均衡的运动过程；一般均衡分析是假定在各货类和所有运输工具的总供给、总需求与运价相互影响的情况下，分析总供给与总需求同时达到均衡的运动过程。

供给与需求是决定运输市场行为的最基本的两种力量，它们之间平衡是相对的，不平衡是绝对的。但是，市场作为一种有机体，总是存在着自行调节机制——市场运行机制。由于市场运行机制的自行调节，使供给和需求形成某种规律性的运动，出现某种相对的均衡状态，即市场均衡。

（一）市场均衡的形成

所谓均衡，就是当运输需求和运输供给两种力量达到一致时，即处于均衡状态。运输的需求价格与供给价格相一致，这个价格称为均衡价格；运输需求量与供给量相一致，这个量称为均衡供求量。均衡价格一经确定，均衡供求量也相应确定。

通常用图 2-1 所示的供求图描述市场均衡。该图把供给曲线和需求曲线叠加起来，图中的供给与需求在横轴和纵轴上采用了完全相同的单位。通常，DD 是运输需求曲线，SS 是运输供给曲线，纵轴表示运价 P，横轴表示供给或者需求的数量 Q；在需求量与供给量相等的价格（心）水平上，市场达到均衡。在均衡点（E）处，价格既没有上升的趋势，也没有下降的趋势。经济学上也称均衡价格为市场出清价格（The Market-Clearing Price）D 供给者愿意供给的能力（由 SS 表示出来）和使用者需求的供求量（由 DD 表示出来）恰好相等，此时称为运输市场达到均衡状态。这在运输经济学中称为均衡运价，由均衡运价决定的运量 Q 为均衡运量。

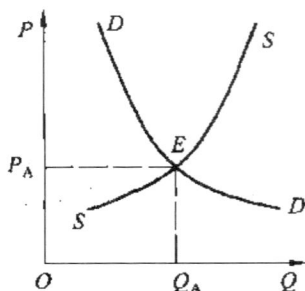

图 2-1　简单的均衡运价与 均衡供求量关系图

（二）简单的供需均衡过程

均衡运价是通过运输市场供需的自发调节而形成的。当市场运价背离均衡运价时，由于需求与供给曲线没有变，也就是说该市场上的均衡点没有变，这样，市场供需就会自发地发挥作用，促使运价又恢复到均衡运价的位置。

在供给方压价争夺市场时，需求量却因为价格下降而逐渐增加，这样，"过剩"量也就逐渐减少，直到价格等于 P_A 时，供给过剩完全消除。

运输市场均衡的形成与变动过程是其基本的运行机制。通常，在供求条件不变的情况下，市场处于一定的稳定均衡状态。虽然不均衡是经常和大量出现的，但是通过运价与供求的相互冲突与调整等作用，能够不断地恢复和维持均衡。然而，由于市场盲目冲击力的存在，市场"不均衡—均衡—不均衡—均衡"的过程是反复进行的。

从长期来看，随着世界经济和国际贸易的发展，运输需求必然相应增长，科技进步、造船工业以及跨国高速公路和铁路的发展也必然推动供给增加，供求条件发生变化。这就必定打破原有的均衡，引起供求新的冲突与矛盾。这一新的供求冲突与矛盾又会引起运价的波动，随着运价的变动，将会推动市场走向新的均衡。供给、需求和市场运价就是这样，在相互影响和相互作用中推动运输市场形成：稳定均衡、维持、稳定均衡被打破，再形成新的均衡……这样周而复始的运动过程。这就是以运价为自动调节的市场机制的动态运行过程。

三、运输市场均衡变动机制

当某种均衡形成之后，随着时间的变化，供给与需求的各种条件也会发生变化，这种均衡状态就会被打破，从而向新的均衡发展。从长期来看，运输市场的供需状况就是处于旧的均衡被打破、新的均衡被建立起来的动态过程中，均衡是暂时的、相对的，而不均衡是永恒的、绝对的。决定均衡状态变动的因素，就是那些使供给曲线与需求曲线发生位移的因素，即供给条件与需求条件。

第三章 公路运输投资及经济效益

第一节 公路运输投资概述

一、交通运输投资的概念及分类

投资是指为达到预期目的而投放资金的行为，是一种资金运用的经济活动。投资既是一个独立的经济范畴，又是一个独特的经济活动过程，是每个社会从它的社会总产品的积累资金和补偿基金中拿出一定的份额从事建立生产和恢复生产，以实现社会生产资料和生活资料的扩大再生产的经济活动。在不同的社会经济政治制度下及在不同的社会发展阶段，投资有不同的社会含义。通常情况下的投资是指购置和建设固定资产，购买和储备流动资产的经济活动。

投资是通过项目实现的。投资项目是投资的对象和实体，是能形成生产能力的投资对象。投资是以投资项目作为对象，这就有一个投资项目的选择、投资项目的准备、投资项目的评价、投资项目谈判、投资项目实施、投资项目投产、投资项目投产后的发挥效益及投资项目投资回收等的完整过程。交通运输投资是促进我国交通运输业持续、稳定、协调发展的重要手段，也是交通运输企业扩大再生产能力或获得某种收益的重要方式。

从不同的角度来看，投资的分类多种多样。

（一）按投资的融资手段和目的的不同可以分为直接投资和间接投资

直接投资是将资金直接投入运输基础设施建设或购置运输设备等，以形成固定资产和流动资产为内容的投资。直接投资能扩大运输业的生产经营能力，使实物资产存量增加，是运输经济增长的重要条件。间接投资是投资者用积累起来的货币购买股票、公司债券或国家公债等有价证券，借以获得收益的一种投资活动。股票是股份有限公司发给股东，用以证明其股权，并做分配股利和剩余财产依据的一种所有权证书；债券是公司、金融机构或者政府向社会公众借债的凭证。直接投资是基础，间接投资是直接投资的衍生物，间接投资的收益来源于直接投资。但是，间接投资作为一种投资资金的筹措手段和方法，对投资事业又是一种不可缺少的推动力量，在发展现代经济中发挥着巨大作用。

（二）按投资内容划分为基本建设投资和更新改造投资

所谓基本建设是指通过购置、建筑、安装等生产经营活动，把一定的资产和技术设备转化为生产性固定资产和非生产性固定资产，以形成新的生产能力或改善生活条件。而更新改造是固定资产再生产的手段之一，它是以内涵为主扩大再生产的方式，通过采用先进的技术、设备、工艺，提高劳动者素质和经营管理水平，达到增加品种、提高质量和生产效率、降低消耗等目的。

（三）按投资形成的资产形式不同划分为固定资产投资和流动资产投资

固定资产是指在运输再生产过程中，可供长时间反复使用，并在其使用过程中基本不改变原有实物形态的物质资料，如运输线路、港口、车站、机场、枢纽、建筑物、机器设备、运输工具等。固定资产投资有两种含义：一是指用于进行固定资产更新和扩大再生产的资金；二是指建筑、购置、安装固定资产的一种特殊的物质生产活动。

流动资产是指在运输企业的生产经营过程中经常改变其存在状态的资金运用项目，如运输企业的燃油、润滑油、辅助材料、库存现金和银行存款等，这些用于流动资产的投资称为流动资产投资。

发展运输生产，必须拥有固定资产，而固定资产又会产生消耗，因此必须实现再生产。投资建设固定资产，就是实现固定资产的再生产，它包含简单再生产和扩大再生产。运输固定资产再生产在原有的规模上进行，是运输固定资产的简单再生产；在扩大的规模上进行，是运输固定资产的扩大再生产。

此外，运输业投资的分类也可以按其他标准进行。例如：按投资主体不同，可分为政府投资、企业投资、个人投资和联合投资；按投资对象国不同，可分为国内投资和国际投资；按投资时限不同，可分为中长期投资和短期投资；按投资项目的建设性质不同分为新建投资，改、扩建投资，恢复与迁建投资；按投资来源渠道不同可划分为财政投资、信贷投资、企业自筹资金投资、股份制投资和外资投资等。对投资进行科学分类，对于加强投资管理、提高投资效益具有重要意义。

二、交通运输投资结构分析

随着社会经济的发展和科学技术的进步，交通运输结构（也称运输产业结构）是发展变化的运输结构，是交通运输业内、外部相互联系及其构成比例的状况。研究运输结构可使之趋向合理，能有效利用和发挥各种运输方式的优势，使之协作配合、相互促进、全面发展，高效率、高效益、高质量地满足国民经济对运输的需要，保持生产和运输的平衡，从而获得最大的经济效益和社会效益。

投资结构是指投资中的各组成部分之间的相互关系及其构成，或者投资用于不同方向的比例关系。投资各组成部分的相互关系是投资结构的质的表现。投资各部分的构成，即各部分在总量中的比例是投资结构量的表现，投资结构就是投资的质和量的统一。投资结构有多种形式，一般可分为三大类。

（一）投资的主体结构

投资的主体结构是指不同投资主体的投资数量在投资总量中的比例关系，它反映一定时期内不同投资主体在运输业总投资中所处的地位及相互关系。一般意义上的投资主体结构是指政府、企业、个人投资的比例关系。

政府投资主体结构包括中央政府和各级地方政府的投资比例关系；企业投资主体包括国有企业、民营企业、集体企业、合资企业、外资企业；个人投资主体包括个体经济、城乡居民。不同的投资主体结构对投资活动的效率、对运输业发展的影响是不同的，投资主体结构是否合理直接关系到能否调动各投资主体的积极性，对运输业的发展具有重要意义。

（二）投资的来源结构

不同来源的投资在投资总额所占的比重称为投资来源结构，它包括预算内投资和预算外投资的比例、财政投资和信贷投资的比例、自筹投资和直接融资的比例、内资和外资的比例等，这些比例关系对于运输业的健康发展也是十分重要的。如某年交通运输业基本建设投资总额中，国家拨款、拨改贷、银行贷款、企业自筹、外资及其他投资各占多少比例。

（三）投资的使用结构

投资的使用结构反映了投资的不同使用方面的相互关系和它们各自在总投资中所占的

比例。就运输业来说，投资的使用结构按运输方式可分为铁路、公路、水运、航空运输、管道等投资的比例。

投资的运输方式结构是运输业各种投资结构中最重要的结构，是运输业投资结构体系的主体和基础。这一结构是否合理，决定着各种运输方式能否协调发展，决定着综合运输体系能否完善，并最终决定着运输业整体效力的发挥。

投资结构与国民经济结构有着紧密的联系。投资结构一般来说在很大程度上取决于经济结构，反过来又会影响经济结构。为了反映交通运输业投资与国民经济其他部门投资之间的相互关系，可以通过国民经济按部门的投资结构，以交通运输业投资或某一运输方式投资在国民经济总投资中的比重来反映，也可以通过交通运输业投资或某一运输方式投资与其他部门投资等的交通运输经济比例来反映。

交通运输投资的实质是追加生产要素，形成直接或间接的运输生产能力。较长时期以来，我国交通运输业发展滞后，成为国民经济发展的"瓶颈"，这反映了整个国民经济的投资结构对交通运输业的倾斜度不够。研究投资结构的变化规律，调整投资在各产业之间的分配，建立较合理的也就是优化的产业结构是国民经济在宏观调控中亟待解决的主要课题。

三、交通运输设施建设的融资

交通运输业作为国民经济的基础产业，是维系国家社会和生活正常进行，促进国民经济发展的必备条件和基础保证。因此，对交通运输业进行持续的高投资是必要的，交通运输基础设施建设在相当长的时期内将保持一个稳定增长的巨额资金需求。但交通运输基础设施建设所需资金量巨大、建设周期长、建成后投资回报缓慢，所以经常面临投资需求大而实际投入不足的矛盾。

在经济体制改革后，我国出现了多元投资主体，有中央政府投资主体、地方政府投资主体、企业投资主体、个人投资主体、金融机构投资主体和外国投资主体。各投资主体既可独立投资，也可联合投资，构成了多元优化、多层次的投资主体结构。筹资方式有财政税收、企业自有资金、银行信用、股票、债券以及各种民间集资方式和利用外资方式。

交通运输业本身具有为全社会服务的特征，是一种社会福利措施，其社会效益往往大于企业本身的效益。由于其投资规模大、建设周期长、企业经济效益低、投资回收期长，故按照商品市场的等价交换原则，私人投资者对于社会效益大于企业效益的投资不是非常感兴趣的，甚至以集资方式对交通投资也比较困难，这就决定了各国政府都采取了政府参与交通规划，并部分承担建设资金的政策。其实，政府投资是一种支持公共福利措施的体现。此外，在市场经济条件下，政府可通过调整税收政策、物价政策和各种优惠政策，以吸收私人投资者和各种机构的兴趣，进而扩大投资渠道。

尽管政府在交通运输基础设施建设中曾发挥了巨大作用并将继续占有主导作用，但仅靠政府的财政投入远远不能满足基础设施建设的巨额资金需求。随着各国放松对交通运输业的管制，以及交通运输投融资管理及理论界认识到交通运输业的政府垄断性质正逐步减弱，私人资本在交通运输基础设施建设中发挥着越来越重要的作用。在我国，国际金融机构和外国政府贷款是交通运输基础设施建设的一个重要资金来源，但数量有限。拓宽融资渠道吸引境内外资金直接投资于交通运输基础设施，以及利用发行股票、债券等形式在资本市场上筹资必将在交通运输基础设施建设中起到积极作用。所以说，交通运输基础设施建设投资主体多元化、融资渠道多样化是必然趋势。

因此，政府对交通运输基础设施建设必须采取必要的扶持政策和管制政策，以保证交通运输业健康快速地发展。在融资方面，政府对交通运输基础设施建设的扶持，主要是由政府集中必要的资金直接投资建设交通运输基础设施，在投资融资政策上向交通运输基础设施建设倾斜，集中财力保证交通运输重点项目的建设。同时对经济效益显著、适合于实行市场化的经营性项目，政府可实行必要的优惠政策，制定相应的法规吸引民间资金和外国资金，使更多的投资主体和资金转移到交通运输基础设施建设上来。

在我国的现行体制下，交通运输建设的资金筹集方式和投资来源渠道主要有以下几种：

1. 国家和地方政府的财政支持。在我国财政体制改革的过程中，相当一部分财政投资由国家和地方政府通过建设银行或相关银行发放低息优惠贷款，实现对交通运输建设的资助。

2. 银行贷款。交通运输业通过筹措银行贷款用于交通运输基础设施的建设，以经营收入等归还贷款。

3. 发行交通建设债券。债券期限一般可为3到5年储蓄，到期归还。

4. 成立股份公司，发行股票。

5. 集资。由国有企业、集体企业和个人筹集资金进行交通运输投资。

6. 利用外资。所谓利用外资就是利用非本国来源的资金和资本用于国内交通建设。利用外资的形式多种多样，但归纳起来有两大类：间接利用外资和直接利用外资。主要表现为外国政府贷款，国际金融机构贷款，外国银行贷款和中外合资经营、合作开发等。

7. 其他融资方式。如融资租赁、项目融资等。

四、合理确定交通运输业的投资规模

运输业的投资规模是指在一定时期内，一个国家、一个地区、一个部门或一个单位在运输固定资产再生产活动中投入的以货币形态表现的物化劳动和活劳动的总量。一定时期的投资规模必须与一个国家或一个地区的经济发展水平相适应。投资规模是从总量上研究分析投资与运输业的关系和对运输业发展的影响；投资结构则从投资构成上研究运输业投资与运输经济发展的关系，研究运输业投资的各组成部分之间的比例，以及这种比例关系对运输业发展所产生的影响。

投资规模有两层基本含义，即年度投资规模和在建投资规模。年度投资规模是指一年内一个国家或地区、一个部门、一个单位投入到运输固定资产再生产方面的资金总量，是一个国家或地区在一年内实际完成的运输固定资产投资额，反映了一年内投入到运输固定资产再生产上的人力、物力、财力的数量。年度投资规模应与当年的国力相适应。在建投资规模是指一个国家或一个地区、一个部门、一个单位当年施工的建设项目，全部建成交付使用所需的投资额，包括以前年度已完成的投资以及本年度和以后年度继续建设所需要的投资，反映了一定年份一个国家或地区实际展开的运输基础设施建设战线的长短。在建投资规模应与一定时期的国力相适应。

年度投资规模和在建投资规模之间的联系在于以下两方面。一方面，年度投资规模是在建投资规模的基础。加大年度投资规模，往往会波及在建投资规模的扩大；反之则反是。如果一定年度投资安排过多，新开工项目大量增加，最终会导致在建投资规模的扩大，也就是说，只有每年能够完成较多的投资，能够实现较大的年度投资规模，才能有较大的在建投资规模。因此，合理的年度投资规模是确定在建投资规模合理数量界限的基础。另一方面，在建投资规模又会影响年度投资规模。年度投资规模的大小也要受在建投资规模的制约。在建投资规模扩大，一定时期的投资需求就大，必然要求年度投资规模与其相适应。在建投资规模过大，则容易引发年度投资规模的膨胀。

此外，运输业是运力的供应者，其他社会经济部门是运力的需求者。供应短缺、供求严重失衡是目前我国交通问题的核心所在，运输的需求与运力的供给有一个"适应度"的问题。"适应度"从整体上反映了交通运输的供给能力和运输需求的满足程度，描述了运输供需缺口的变化情况。

通过对各种运输方式"适应度"的分析，可以将运输业的投资规模量化，并与具体的技术经济分析相结合，从而确定合理的交通运输业投资规模。比值定大了会造成运输供给的浪费，小了则会形成堵塞损失。只有从交通运输业的整体出发，根据地域范围的特点，分析往年的数据和了解区域的未来发展规划，得出合理而有效的投资规模，才能发挥最大的整体经济效益。

五、合理确定交通运输的投资方向

（一） 强化基础，集中力量加强基础设施建设

继续强化铁路、公路、水路基础设施的建设，重点提高基础设施的技术等级水平，迅速改变交通运输基础设施的落后面貌，不断提高为国民经济和社会发展服务的适应程度。根据国外运输发展的经验，交通运输作为社会经济的基础产业，它的建设和发展要适当超前于国民经济的发展，特别是它的基础设施发展的超前性是保证并促进经济发展的先决和必要条件。现在的实际情况是，每逢经济建设高潮的浪潮袭来时，社会遇到的首当其冲的难题就是交通运输的紧张与告急。

铁路运输：铁路系统的运输能力大大落后于需求。每平方公里铁路密度远低于世界各国的水平，技术装备又大大落后于世界标准。因此，必须进一步完善作为运输体系骨干的铁路网，加强重点物资通道和主要干线的建设与改造，消除"限制口"，开发边远地区新线，以及建设对铁路网有重要意义的其他干、支线和对地区经济发展有重要意义的地方铁路。

公路运输：我国的公路里程，截至 2008 年底已经达到 358 万千米，虽说已有很大的改善，但与交通发达国家相比，我们仍然很落后，路网密度和路网结构也不尽完善，因此，仍然是一个不可忽视的问题。但经许多专家论证，我国现有公路网里程的短缺，比起公路等级结构和公路质量来说，已经降低到第二位。如果能使公路网的等级结构中，高级公路的比重大一些，虽然公路网里程达不到理想的程度，但仍然可以提高公路网的通过能力，降低交通运输拥挤度，提高公路运输的效率，增加公路运输的优势。因此，公路等级结构是决定和标志公路能力适应需求程度或降低拥挤度的主要因素。公路运输生产力要素调整的方向，主要应以提高公路等级和质量为目标。在财力允许的情况，继续扩大线路里程。

内河运输：内河航运生产力要素的长远调整目标，是根据内河航运的资金密集型行业特点制定的，应长期持续保持投资强度，以形成完整的航道、港口基础设施，在较大的运输生产规模上实现生产力要素的合理配置。运用现代化的先进设备技术完成传统行业改

造，从而大幅度提高内河航运生产效率，使内河航运业逐步走入现代化生产行业队伍。加强对航道的投资，继续坚持建成"千吨级航道为骨干，三五百吨级航道为基础的航道网"的规划策略。

在资金有限的情况下，把投资重点放到近几年内经济和运输发展较快的区域，以使投资形成的能力得到较充分利用，实现较好的效益。目前应着手加强长江、珠江等水系干线航道整治、维护和与干线相通的、运输增长明显的主要支流航道整治，扩大航道通航能力，同时加强长江、珠江三角洲河网地区航道整治与维护，要与公路规划建设相协调。继续巩固内河航运在三角洲河网区的重要地位。要进行珠江口和长江口有关口门的整治、疏浚，提高海船进江能力，促进江海直达运输的发展。

航空和管道运输：特别要加强机场和航线的建设，提高技术和服务水平，改善地面支持能力。在扩大航空客运能力的同时，适当发展航空货运。要加强建设成品油管道和天然气管道，改善管道运输结构，减轻铁路运输压力，改善城市环境。

（二）改善运力结构、发展规模运输经济效益

运力拥有量情况是交通运输能否满足经济、社会发展需求的一个重要组成部分。运输工具必须在数量、品种和质量上满足国民经济和人民生活的需求。要积极创造条件，在注意发展大吨位车的同时，发展具有规模经济效益的公用型运输，发展集装箱车、特种货车和高档舒适型客车，以大力调整运力技术结构的比重。

在水运运力建设方面，重点要围绕大宗散货、集装箱和陆岛改装三大运输系统进行建设。运输装备的重点要发展大型集装箱船、大型散货船、大型油轮和特种运输舱、高速客运船舶。内河水运除航道外，港口条件亟待改善，要极大改善港口设施的落后状况。充分利用我国现有河流航道水深、流速条件，改进船舶技术性能，提高装载能力，推广分节驳运输和浅吃水船技术，提高我国内河船舶的技术竞争能力。在铁路建设方面，铁路要加速发展长大列车、重载列车、高速客车，提供大功率的牵引动力，以增加列车的运输容量。加速铁路技术进步，提高铁路通信信号能力和调度管理的机械比、自动化水平，以提高列车的运行密度、列车速度、牵引重量，减少列车的周转时间，提高列车的生产效率并降低运输成本。在加快运力结构改善的同时，发展一些有利于规模运输效益的运输方式和工具。

六、运输与经济发展的关系

运输是满足人与货物对空间位移需求的生产活动，而经济的发展必然伴随人与货物对

空间位移需求的剧增，因此，经济的发展必须以运输系统的完善和运输效率的提高为前提。而当一种新的运输方式问世并成长时，相应的交通工业总是成为支柱产业，运输业是成为经济发展的重要推动力量。人类社会从农业社会向工业社会的发展就是以运输系统的不断改善为前提条件的，而支持铁路运输的动力机械工业、支持船舶运输的造船工业、支持汽车运输的汽车工业等运输业的后向联系工业在不同的时期曾先后发挥过支柱产业的作用，进而推动经济的发展。运输对经济发展的影响主要表现在以下几个方面。

（一） 运输对经济发展的基础作用

人与货物对空间位移的需求，是人类社会的生产活动和社会活动的一项基本需求。经济的发展离不开人与货物的空间上的位移。经济发展的速度越快、层次越高，人与货物的集散在规模上就越大、在空间上就越广，人与货物对空间位移的需求也就越大。而人与货物的空间位移是通过运输生产活动得以实现的，因此，运输是经济发展的必要条件，对经济发展起着基础性的作用。

具体来说，运输对经济发展的基础作用表现在两个方面：

首先，运输是社会经济的主要纽带。社会化大生产是一个复杂的过程，生产、分配、交换和消费是在一个极其广大的空间进行的，只有依靠运输这一纽带，才能将整个复杂过程的各个环节联结起来，使社会化大生产得以实现。从功能上看，只有通过运输这一纽带，才能把生产、分配、交换和消费这几个环节有机地结合起来。

其次，运输是经济布局形成的基础因素之一。经济布局既是经济发展的起点，又是经济发展的结果。从经济发展的起点看，经济布局对经济发展的影响是带有基础性的。经济布局除了受制于经济地理因素和国家或地区的发展战略及政策因素外，在很大程度上是一个空间运输状况的概念。资源基地分布的形成、工农业布局的形成、中心城市的形成，都与运输枢纽布局、运输网络、运输通道以及运输能力、运输速度、运输效率密切相关。正因为运输的这种基础作用，经济处于快速发展阶段的国家和地区都应把发展交通运输业列为经济建设的重点。

（二） 运输对于经济发展的动力作用

运输对于经济发展的动力作用，是运输刺激经济发展、充当经济发展的动力作用。运输对于经济发展的动力作用体现于以下几个方面：

运输体系的改进和完善带动了现代化大工业的出现，并促进了现代化大工业的发展。

现代化大工业的出现和发展在人类社会经济发展中发挥了巨大的作用：其出现使人类踏入了工业社会阶段；其发展使人类社会从工业化发展的初级阶段，向高级阶段，再向后工业化阶段演进。现代化大工业的出现以大量耗用矿物能源的制造业为主体，以分工、集中生产和规模化生产为特征，它依赖运输业远距离地运入大量原材料，又依赖运输业远距离地运出大量半成品、成品。

从历史上看，现代化大工业的出现，是由当时运输体系的性能改进和完善达到一定程度所带动的。如果没有相对于当时历史阶段而言的便捷的、网络化的、高效的和其费用能为经济社会所承受的运输体系的建立，集中生产所能覆盖的空间就要受到限制，社会分工的程度也要受到限制，规模生产就无法实现，那么，就带不动现代化大工业的出现。现代化大工业出现后，其以后每一个阶段上的进一步发展，相对于每一特定阶段而言的便捷的、网络化的、高效的和供货能为经济社会所承受的运输体系又发挥出非常重要的作用。所以说，现代工业的建立，是由运输体系的改进和完善所带动的，而现代工业的发展，又离不开运输体系的不断改进与完善。

运输业通过其后向联系产业——交通工业的发展带动社会经济的发展。这种贡献是非常突出的。交通工业是运输业的后向联系产业，它包括机车车辆工业、造船工业、汽车工业、飞机制造工业等，它们支持着运输业，而它们的发展又受制于运输业的发展。一些与交通工业相关的、因交通工业的发展而兴旺的其他工业，如随着汽车工业发展而兴旺的炼油工业、橡胶工业等，也成为支柱产业。就这样，运输业的发展带动了交通工业及其相关产业的发展，从而促进经济的发展，而这种作用在运输方式处于创新和成长阶段时，就更加突出。

运输业对于技术向生产力的转换起着催化作用。新技术只有在某一生产领域或方面得以实际应用才能转化为生产力。运输业对于吸收新技术有着很大的潜力，为新技术的应用提供了巨大的空间。新的运输工具的问世，总是新技术的结晶，运输业以这样的潜力推动着技术进步，促进着技术向生产力的转换。

运输促进了国际经济一体化。国际经济一体化是当今世界经济发展的重要特征，跨国公司是推进国际经济一体化的主体，跨国投资、跨国生产、跨国经营是国际经济一体化的主要活动。谁也不能否认运输对于国际经济一体化所做出的突出贡献。正是由于发展了原料运输领域的大型化、半成品运输领域的国际集装箱多式联运，才极大地提高了运输能力，改进了国际货物运输的快速性、便捷性、多样性、安全性、合理性、高效性，跨国生产和跨国经营才得以蓬勃发展。而从更深层的原因来看，正是运输的发展促进了不同国家、不同地区人民之间的来往和交流，从而推动了包括经济一体化在内的广泛领域的国际化。

交通运输业是国民经济的基础产业，也是经济社会发展和提高人民生活水平的基本条件，因而正确认识交通运输与经济发展的关系，是制定适应经济发展的交通运输投资政策的关键。

七、运输投资对经济和运输技术发展的促进作用

交通运输业提供的产品既是国民经济其他部门进行生产所必备的基本条件，同时也是构成生产和再生产的投入要素，交通运输业提供的产品的数量、质量和价格的变化，必然会涉及整个国民经济，进而引起一系列连锁反应。交通运输业的落后，会造成资源配置的低效率和经济波动，成为制约经济增长的一个因素。若交通运输业能够得到很好发展，就会带动相关产业的发展，使资源得到合理的利用，进而促进经济的增长。

相对于国民经济快速发展产生的运输需求来讲，相当长的一段时间内我国交通基础设施的供给能力总体上处于紧张状态，甚至成为制约经济发展的瓶颈产业。因此，综观我国交通运输业发展历史，从某种意义上说就是交通基础设施投资建设的历史，无论是运输供给数量和质量的提高，还是运输结构的调整和升级，以及区域经济的协调发展，客观上都有赖于投资的推动。固定资产投资额都较改革前有了较大程度的提高。在我国，交通投资不仅仅是促进交通运输业发展的重要手段，而且被视为拉动内需、促进区域发展和国民经济增长的有效措施之一。

运输投资对经济增长的影响表现在运输业投资供给对经济增长的拉动作用和推动作用2个方面。运输投资需求是指投资活动所引起的社会需求，投资需求对经济增长的拉动作用是双向的：扩大运输业的投资需求，将对经济增长产生拉动作用；缩小运输业的投资需求，则会抑制经济的增长。

在我国交通运输基础设施还比较落后的情况下，增加对交通运输基础设施的投入对经济的拉动作用十分明显。交通运输基础设施建设投资对经济的拉动作用表现在：

1. 交通运输基础设施建设投资对 GDP（国内生产总值）的计算产生了很大的影响。

2. 交通运输基础设施具有投资密集和劳动力密集的特点，对其增加投入，可以带动钢铁、建材、机械制造、电子设备和能源工业等一大批相关产业的发展，并可以吸纳大量劳动力。

3. 大规模的交通运输基础设施建设不仅能有力带动一大批相关产业的发展，而且交

通运输基础设施的改善和水平的提高又刺激那些需要其提供产品和服务的企业和居民的消费，有效刺激国内需求。

4. 对交通运输基础设施投资将产生乘数效应。对交通运输基础设施进行建设，能够使所在地区增加就业人员和增加工资收入，提高人民收入和生活水平。

5. 交通运输基础设施和与其相关联的其他工程项目取得的效果联系在一起，并相互作用而产生综合效果，对社会产生多方面的积极影响。

此外，运输业技术进步的产生和应用都离不开投资：一方面，任何先进的技术本身都是某种投资的结果，任何一项技术成果的产生都是投入一定的人力资本和资源（如试验设备的购置、软件的开发等）的结果；另一方面，投资又是运输业技术进步得以实现的载体，任何技术成果的应用都必须通过某种投资活动来体现，投资是技术与经济之间发生联系的纽带。所以，无论是先进的运输技术的产生，还是先进的运输技术成果的推广、应用，以及运输技术进步的实现，都离不开投资。

长期以来，我国运输业的较快增长一直是粗放型的，主要是依靠大量资源、劳动力等生产要素的投入而取得的，而运输技术进步对运输经济增长所起的作用不大。这就要求增加在运输技术进步方面的投资，将运输经济增长纳入内涵扩大再生产的轨道中来。运输业作为国家的基础产业，在经济社会发展中的作用十分重要。加快运输先进技术的引进，应用发达国家发展本国运输业的成熟技术，武装我国的运输业，增加运输技术领域的投资，对于我国运输业的发展和整个国民经济的发展，都具有十分重要的意义。

我国已经制订了全国铁路网、高速公路网规划，制订了长江三角洲、珠江三角洲、环渤海地区的区域性快速轨道交通网规划。另外，"十一五"规划的实施、京沪高速铁路的修建，将结束我国没有高速铁路的历史；在新的技术水平基础上建设的各条铁路客运专线，将使长期落后的中国铁路跃上一个新的台阶；大量的计算机系统、电子数据交换系统、各种信息系统、卫星定位系统、电子监控系统、运输自动化系统、智能交通系统在运输领域的逐步推广和应用，将彻底改变我国运输业技术落后的面貌，使我国运输业尽快接近世界先进水平，保证和促进整个国民经济的快速、健康、协调发展。

因此，交通投资作为我国全社会投资的重要组成部分，是推动经济增长的重要动力；反过来，经济增长引发的需求增长也会推动交通固定资产投资的进一步增加。目前，我国在制定交通投资与经济以及交通技术发展的政策时，应对交通投资和经济增长以及运输技术发展的关系进行细致的分析，从而制定出正确合理的交通发展政策。

八、基于运输投资与经济增长关系的投资政策分析

（一）运输投资与经济发展相适应，并保持投资规模的适度超前

国民经济的发展离不开发达的交通运输网络，几乎所有国家的政府都将运输看成是国民经济发展的先行产业，因而各国政府在制定投资政策时，都将适应国民经济发展的需要看成是交通运输发展政策制定的最重要原则。

由于交通运输基础设施一般具有较长的投资建设期，加之配套设施多，一般不能马上形成生产力，同时国民经济发展的不同阶段对交通运输的要求有所不同，因而交通运输投资就必须具有一定的超前性。这个超前性需要对国民经济各部门的发展具有比较准确合理的预期，以及国民经济各部门发展对交通运输需求的准确合理的预期。只有正确地预测国民经济发展对交通运输发展的需求和交通运输基础设施形成预期生产能力所需的投资时间和投资数额，才能得出政府在不同阶段对交通运输业的投资总额。

另外，应从现实出发，根据本国经济整体发展规划来规定运输投资在国民经济总投资中所占比例和投资总额。政府的这个投资比例和投资总额的确定将在很大程度上规定一定时期内一国交通运输的建设规模和生产规模，尤其是那些政府投资占整个投资比重较高的国家更是这样。对于那些私有化程度较高的国家，政府对运输的投资将与私人投资一起形成交通运输的建设规模和生产规模。因此，未来交通运输业仍应坚持"适应经济增长的需要"的基本原则，保持一定的投资规模，以满足经济增长产生的各种客货运输需求，避免对经济增长形成新的"瓶颈"制约。同时，作为国民经济的基础性产业，交通运输发展必须保持适当的超前性。由于交通投资效果的显现具有时滞性，交通投资应保持适度超前来满足未来经济增长所产生的客货运输需求。

（二）根据运输投资与本国经济相适应的政策，优化交通运输技术、投资结构和资源的合理配置来实现投资效率的提高

运输政策是国家宏观经济政策的重要组成部分，它对交通运输业的发展及对国民经济的发展都会产生重要影响。运输政策直接决定运输经济发展战略，影响运输产业结构和运输市场结构，对国土资源利用、区域经济开发、生产力合理布局、人口地理分布、环境保护等多方面产生深刻的影响。

交通运输要与国民经济发展相适应，就必须在投资时间和规模上具有超前性。然而这

种超前性必须与本国经济实力结合起来。即使根据国外经验我们已明确知道交通运输业发展的方向是电气化、成组化、联运化等，但由于受到本国经济实力的制约，仍然无法一步到位地赶上世界最新的交通运输发展潮流。

未来交通运输在发展过程中将面临越来越强的土地、能源等资源约束，现有的依靠要素投入、扩大投资规模的增长方式具有不可持续性，因此必须转向依靠提高要素生产率、提高投资效率的内涵式增长方式。从投资的角度说，实现交通运输增长方式转变的主要途径有：

（1）调整交通投资结构，提高交通投资整体效益。评价交通投资效益，不仅要着眼于综合交通体系，而且要立足于投资的社会效益和外部效益，而不能仅从某种交通运输方式的投资所产生的直接经济效益出发。因此，政府应加大对铁路、水运等相对投入低、资源消耗少、环境影响小的运输方式的投入，并通过税收、补贴等方式引导社会资金进入该领域。调整政府交通投资的地区结构，加大对落后地区的交通投资力度，为其他产业的发展和投资的流入创造有利条件。调整政府交通投资的城乡结构，加大对农村地区的交通投资力度，为农村社会经济发展提供必要的交通条件。调整交通投资在基础设施建设和运输服务建设上的分配比例，使构成交通运输体系的"硬件"系统与"软件"系统协调发展，从而提高交通投资的系统效率。

（2）依靠技术和管理创新，提高交通投资效率。相同的资金，投入到不同运输方式中其效果是截然不同的。因此，在选择交通运输技术时，应优先考虑运输能力大、运输成本低、资源占用少的方式，使有限的资金最大限度地发挥效益。政府应加大对交通新技术的研发投入力度，并通过财税政策促进交通企业建立自主创新机制，提高技术对交通增长的贡献率。在推动技术进步的同时，运输组织和管理创新也是提高交通运输系统效率的有效手段。

（3）资源的布局是大自然赋予的，往往与国民经济发展不相适应，运输是地区间资源调配的前提条件。合理的运输政策往往鼓励和支持在原材料产地和生产基地之间建立大型的运输干线，保证资源配置的及时、合理。为了使某些欠发达地区与外界联系起来，许多国家都不惜巨资建立公路或铁路等运输通道。通过运输政策可以实现国家在政治、社会和文化方面的需要，也有利于促进资源在地区间的合理配置。运输政策还对一个国家或一个地区的产业布局产生重要而深刻的影响。发展中国家可以借鉴发达国家交通运输发展经验，遵循运输结构的演变规律，选择正确的交通运输发展道路。由于具备这种后发优势，后起国家可以采用比发达国家更广泛和力度更大的运输政策。

（三） 实施有利于运输政策的法规，审慎以交通投资促进经济增长的政策

运输政策本身是通过一系列交通运输法规体现出来的，而成文的运输政策有时也只是原则性的抽象的概念，因此必须根据该政策制定可以具体实施的交通运输法规，以便实际贯彻。用法律的形式肯定一些重要的运输政策目标，也有利于保证它的权威性和一定程度的稳定性，因此交通运输法规已成为各国运输政策的重要组成部分。目前，一些国家已越来越明确地用立法的形式制定和颁布其运输政策，甚至具体期限内的运输建设规模、筹款方式和数额、政府补贴方式以及专门负责机构等，都用法律固定下来，以保证运输政策目标的实现。

在社会资源有限的情况下，交通投资和其他投资存在着此消彼长的关系，交通投资并不是投资越大效用值越高，而应与其他生产性投资保持相应的比例，才能实现经济的快速增长。因此，要理性看待交通投资对于经济增长的作用，实行以交通投资促进经济增长的政策。

第二节　公路运输内部投资管理

一、道路运输企业内部投资

（一） 道路运输企业内部投资分类

道路运输企业内部投资，是指对企业内部运输生产经营所需要的各类资产的投资，其目的是为了保证运输生产经营活动的连续性、运输生产经营规模的扩大以及运输市场的不断延伸和拓展。

（1）道路运输企业的内部投资，从投资所形成的资产状态来分析，分为固定资产投资、流动资产投资以及无形资产投资等。

（2）从其与未来运输生产经营活动的关系来分析，道路运输企业的投资可分为维持性投资和扩大运输生产能力投资等。

①维持性投资主要是为维持企业运输生产正常经营，保持现有运输生产能力而投入的财产，一般包括更新性投资和均衡性投资，如运输车辆更新投资，客货运输场站改造投资

以及其他通用设备、专用设备的更新投资等。这类投资一般不会改变企业的经营方向与市场领域，也不会较大地影响企业的前途。

②扩大运输生产能力投资是企业为了扩大运输生产经营规模与客货运输服务市场占有率，增加生产能力或改变企业的运输生产经营方向，对企业今后的经营与发展有重大影响的各类投资，如购买新的营运车辆、新建客货运输场站、新建汽车维修检测站等其他与运输生产有关的多种经营项目投资等。这种投资与维持性投资相比，投资额大、投资回收期长、投资风险大、对财务影响大，并能在企业整个运输生产经营活动中发挥作用。

（3）按与运输生产的相关性分析，道路运输企业的投资又分为生产性投资和非生产性投资。道路运输企业的生产性投资主要包括：

①与维持企业现有运输生产经营有关的重置性投资，如更换已报废或已损坏的运输生产车辆与设备的投资等；

②与降低运输成本有关的重置性投资，如用能耗小、效率高的车辆更换可用但已陈旧的高能耗的运输车辆所做的投资；

③与扩大运输市场范围和扩大运输市场占有率相关的扩充性投资，如为增加客货运输周转量和扩大服务范围所做的投资；

④与新的运输服务方式或新的市场有关的扩充性投资，如为开辟高速公路客运或物流业所做的投资；

⑤与环境保护有关的强制性和非盈利性投资，如为达到汽车尾气排放标准等所做的投资等。

由于道路运输生产和经营的特点，道路运输企业的投资重点是固定资产的投资。其固定资产投资涉及的主要是营运车辆的投资、客运站的投资以及货运站的投资等。为了有利于提高投资效益，就必须加强投资的可行性研究，进行投资项目的经济效益分析，以便做出正确的投资决策。

（二）道路运输企业内部投资的一般程序

投资是道路运输企业的一项重要的经济活动。在投资经济活动过程中，企业不能简单盲目从事，而应遵循一定的程序，认真进行投资机会与投资项目调查研究，并采用科学的分析与决策方法，进行项目投资的经济效益评价。企业内部投资的一般程序是：

（1）提出投资意向。道路运输企业要进行内部投资必须首先提出投资意向，然后才能进行下一个工作步骤。所谓提出投资意向，就是要确定好资金投向，是进行运输车辆投资还是场站设施建设投资，是流动资产投资还是进行长期资产投资，是进行增加运输利润投资还是进行影响控制投资或是分散经营风险投资等，这些都必须在投资前首先要明确。

（2）分析意向。找出一个或多个投资的方法或方案，提出意向之后，就要进行调查研究，搜集有关资料，分析和确定影响投资意向的有关因素。应以道路运输市场分析调查研究资料为依据，拟订一个或多个投资方案。作为道路运输企业的投资方案，必须有明确的投资金额、筹资来源及筹资方式、投资需要的时间及资金到位时间、投资组织实施及安排、投资有效期间、投资地点和投资种类等相关因素。

（3）进行投资决策。投资决策是在对投资方案经济有效性做出评价之后进行的。要估计投资方案所引起的收入和成本，进行投资报酬的分析和风险分析，在进行经济评价的基础上对投资方案是否要采纳做出决定，或者对几个投资方案优劣做出选择。

（4）投资方案的实施。投资方案一旦被采纳，企业就应该按计划积极组织实施。作为道路运输企业的管理人员应按期足额筹集资金，保证企业投资的资金需要，认真执行投资预（决）算，力求做到以较少的投资成本取得较满意的投资经济效果。

（5）投资的再分析与评估。在投资的实施过程中，要经常地检查、对比事先的估计和分析与实际情况是否一致，不一致的影响大小、问题所在、如何处理以及原来做出的投资决策是否正确等。如果事先估计有偏差，投资实施过程中情况发生较大的变化而导致原来的投资决策错误，为了避免遭受更大的损失，就可以考虑停止该投资方案的继续实施。

（三）道路运输企业投资决策的一般程序

道路运输企业投资决策的程序通常包括以下五个步骤：①估算出投资方案的预期现金流量；②估计预期现金流量的风险；③确定资金成本的一般水平；④确定投资方案的收入现值；⑤通过收入现值与所需资本支出的比较，决定拒绝或确认投资方案。其中，估计投资项目的预期现金流量是投资决策的首要环节，也是最重要和最困难的步骤。

二、道路运输企业项目投资的可行性研究

道路运输企业项目投资的可行性研究，是指对投资的备选项目在全面调查了解的基础上，就该投资项目的生产供给与市场需求的平衡性、技术先进性和经济有利性等进行研究，以确定项目投资是否可行。

道路运输企业项目投资可行性研究的基本内容包括以下几方面。

（一） 道路运输生产（服务）与运输市场平衡性研究

运输生产（服务）与运输市场平衡性研究是以运输市场研究为起点，根据运输市场需求预计本企业的市场占有份额，然后"以销定产"，确定企业运输生产经营规模、经营领域以及车辆投放的时间，根据运输市场需求确定本企业的投资供给是否满足要求。

（1）道路运输市场需求研究。主要研究当前及未来运输市场需求及变化趋势、运输市场竞争状况，主要内容是分析运输需求的普遍性、异质性、波动性和运输供给的差异性以及客货运输收入弹性和价格弹性等，以此来确定企业未来可以争取的运输市场占有份额。

（2）道路运输生产经营规模研究。根据企业未来可以争取的运输市场占有份额，考虑到其他因素的影响，综合确定企业的运输生产规模，企业将来可以实现的运输周转量和企业最大的运输服务能力，在此基础上再根据其他限制条件确定企业最适当的运输生产能力。

（3）运输经营领域研究。主要内容是要研究运输生产领域的经营、技术领域的经营、资金领域的经营和组织领域的经营等问题。运输经营领域研究的主要目的是为了确定企业未来的投资方向和经营重点领域。

（4）投资时机研究。运输市场状况瞬息万变，错过时机就是错失机会。企业必须选择好进入运输市场与某些经营领域加入竞争行列的时间，并确定好投资的时间和运营的时间等。

（二） 技术先进性研究

技术先进性研究主要是研究企业应采用的资产设备、客货运输场站、营运车辆先进程度、应采用的生产工艺组织管理水平、应配备的相应的技术力量等。技术先进性研究的出发点是市场需求，是社会对运输服务品种、服务质量等的要求；而技术先进性研究的最终目的是为获得尽可能大的经济效益。一般来说，不同的设备、不同的营运车辆以及不同级别的客货运输场站，分别具有不同的生产成本和投资代价，也有着不同的经济效益。

（三） 经济有利性研究

进行经济有利性研究，需要预测投资项目所带来的收益，需要对投资项目的经济效益进行分析，并需要对投资项目的风险进行估计。经济有利性研究是可行性研究的核心，运输供求研究、技术研究都是以经济有利为基础的。

第三节 公路运输的投资决策

一、道路运输企业营运车辆更新投资决策

（一）运输车辆更新概述

营运车辆是道路运输企业最重要的物质和技术基础，是企业进行运输生产经营活动的重要劳动手段，也是影响道路运输企业和国民经济各项技术经济指标的重要因素。车辆更新是对技术上或经济上不宜继续使用的旧车辆的车辆更新、更换或用先进技术对原有车辆进行局部改造等经济活动。

营运车辆在使用和闲置过程中，都会随着车辆的逐渐磨损和使用使车辆原始价值降低，发生的磨损分为有形磨损和无形磨损。

有形磨损也称为实体磨损或物质磨损。运输车辆在使用中的有形磨损是第一类有形磨损，该类磨损主要是由于车辆零部件的磨损、振动、疲劳和腐蚀而产生的，通常表现为能耗上升、效率下降、动力性下降、故障增多、安全事故频繁等。它主要与使用时间、使用强度和道路条件等因素有关。运输车辆在闲置中的有形磨损是第二类有形磨损，该类磨损主要是由于自然环境的作用以及管理维护不善而造成的，通常表现为车辆锈蚀、零部件变质老化、轮胎老化等，主要与闲置时间和维护管理不善等因素有关。所以，营运车辆的有形磨损会伴随车辆使用价值的降低、车辆生产率的下降及一系列营运费用的增加等。

营运车辆的无形磨损是由于技术进步引起的原有车辆技术上的陈旧与贬值，也称为精神磨损或经济磨损。它一般不是物理意义上的磨损，不表现为车辆实体的变化，而表现为车辆原始价值和使用价值的降低。无形磨损也分为 2 类。一是由于技术进步而使完成一定量的客货运输周转量的社会必要劳动耗费减少、运输成本降低，导致原有车辆价值降低。这种磨损的后果只是表现为车辆的原始价值部分贬值，车辆本身的技术特性和功能，即使用价值并未发生变化，故不会影响现有车辆的使用。二是由于技术进步，市场上出现了舒适性更好、性能更完善、运输效率更高、燃料消耗更低的新型运输车辆而使旧车辆在技术上相对陈旧落后，导致原有车辆相对贬值。但这种贬值是社会生产力发展的反映，这种磨损越大，表明社会技术进步越快，道路运输企业要维持正常和高效率的运输生产经营活

动，就必须对车辆的磨损及时进行补偿。

补偿分局部补偿和完全补偿。车辆修理是对有形磨损的局部补偿，对车辆的现代化改装则是对无形磨损的局部补偿；有形磨损和无形磨损的完全补偿是更新车辆。运输车辆的更新有两种形式：一种是原型更新；另一种的新型更新。新型更新是目前运输车辆更新的主要方式和主流。

道路运输车辆更新决策主要研究 2 个问题：一个是决定是否更新，即是继续使用旧车辆还是更新车辆；另一个是要决定选择什么样的车辆来更新。实际上这 2 个问题往往是结合在一起来考虑的，如果目前市场上没有比现在的运输车辆更适用和适宜的车辆或车型，那么就继续使用旧车辆，因为旧的运输车辆总是可以通过修理继续使用的。所以运输车辆更新决策实际就是继续使用旧车辆还是更新车辆的选择。

（二）运输车辆更新决策分析的基本原则

在对运输车辆更新进行经济分析与决策时，除了利用前述投资决策分析的一般原理外，还应遵循以下几个基本原则：

不管是购置新车辆还是改造旧车辆，在其经济分析中一律只分析其费用。通常情况下，运输车辆更新或大修，一般其运输生产能力不变，其所产生的收益基本相同。如果真的运输生产能力发生了较大的变化，可以经过等同化处理，将生产能力的不同转化为费用的不同，所以运输车辆更新方案的评价，就是在相同收益情况下对其费用进行评价，是费用型方案的分析。通常使用的经济评价方法有：年成本法、现值费用法和追加投资经济效果评价法等。

不同车型的客货运输车辆，其运输服务的寿命不同。但对运输车辆进行更新分析时，分析期必须一致。在实际工作中，通常采用年成本法来进行方案比较。不考虑沉没成本的影响。通常运输车辆更新往往未到其折旧寿命期末，账面价值和转售价值之间存在着差额，故存在着沉没成本，即未收回的车辆原始价值。沉没成本是一种投资损失，是过去投资决策的失误，不应计入新车辆的费用中，但可以在企业盈利中加以扣除。车辆应以目前的变现价值为计算依据。

二、道路运输车辆最佳更新时机决策分析

道路运输企业的有些营运车辆，在整个营运服务年限内，如果没有更先进的同类车辆出现，即不存在无形损耗的情况下，当继续使用旧车辆还不如再购置新车辆经济时，就应

该及时更新，这就是原型更新问题。当道路运输企业发生这种问题时，就可以通过分析运输车辆的经济寿命进行车辆的更新决策，也就是说，运输车辆原型更新问题也就演变为分析和计算车辆的经济寿命问题。

计算和决策运输车辆经济寿命的方法一般有两种：

1. 低劣化数值计算法。道路运输企业经营使用的运输车辆，一般都会随着行驶里程的不断增加而呈现出技术性能不断下降的发展态势，这种现象称为车辆的低劣化。

应用低劣化数值法计算运输车辆经济寿命时，应满足下列基本假设条件：①车辆的燃料费、维修费、大修费等经营费用是以每千车·公里一个定值增加的，这个定值就是单位车辆、单位行程的低劣化增加值；②车辆的残值是一次性收回的。

道路运输企业经营使用的运输车辆的总费用一般包括 2 个部分：一是随着车辆行驶里程的变化而变化的折旧费用，即单位行程车辆的投资费用；二是车辆的经营费用，其中经营费用又包括随车辆行驶里程变化的变动经营费用（燃料费、维修费、大修费等）和不随车辆行驶里程变化的固定经营费用（工资及职工福利费、企业管理费、养路费等）。

2. 面值决策法。如果运输车辆的残值不能视为常数，而且车辆的运行成本不呈现线性的无规律增长，低劣化数值计算法就失去了前提条件，这时就可以根据道路运输企业的统计记录或者根据同类车型的统计资料以及车辆的实际运行情况的预测，用列表计算面值的方法来分析和决策运输车辆的经济寿命。

在科学技术和车辆技术迅速发展的今天，运输车辆的更新速度不断加快，在这种情况下，尽管旧的车辆还能继续营运，但是如果不及时更新，就必然会出现燃料消耗增加、运输生产效率下降、维修费用较高等诸多问题。因此，是继续使用旧车辆还是投资更新技术和效率更高的新车辆，实际上是每个道路运输企业都会经常遇到的决策问题。

前已述及，对于此类决策问题，经常存在两种情况：一种是新车辆的使用年限与旧车辆的剩余使用年限不相同；另一种是新车辆的使用年限与旧车辆的剩余使用年限相同。对于第一种情况，一般采用计算年营运成本的办法来进行分析决策；而对于第二种情况，一般可以采用现值法结合差量分析法来分析和决策。

三、道路运输企业租赁或购买营运车辆决策分析

道路运输企业扩充设备或营运车辆，其目的是为了利用这些车辆来进行运输生产经营，从这个角度来讲，车辆是否自有并不重要，重要的是有适合的运输车辆可以使用。所以，道路运输企业在购置营运车辆的同时，还应考虑利用租赁来获取车辆使用权的可能

性。一个道路运输企业若期望获得某种车辆的使用权，并附带地要获得所有权，除购置该营运车辆外，还可以通过租赁方式获得该车辆。因此，租赁或购买营运车辆决策实际上就变成了一种企业的筹资决策。因为不管企业是租赁车辆还是举债购买车辆，企业必然会由于获得该车辆而产生一个固定的"还债义务"，这个义务必须在未来某个时期内履行。因此，租赁决策问题就成为衡量租赁与举债购买这两种筹资方式的相对得失问题。要比较分析租赁与举债购买两者之间的优劣，就必须借助于两者的现金流量及其模式，依据相应的资金成本，分别计算两者现金流量的现值，并据此进行比较分析。

一般来说，购置车辆的使用成本，主要包括：车辆折旧费、燃料消耗费、车辆保修费、车辆大修费、轮胎磨损费、直接人工费、变动间接制造费用以及车辆投资利息费等。租赁车辆的使用成本，要视租赁的性质而定。对于经营性的租赁成本，主要包括：除经营租金外的燃料消耗费、直接人工费、变动间接制造费用等。对于融资性的租赁成本，主要包括：除每年的租金外的车辆折旧费、燃料消耗费、车辆保修费、车辆大修费、轮胎磨损费、直接人工费、变动间接制造费用等。融资性租赁实际是属于分期付款购买固定资产的筹资方式。

对道路运输企业是租赁还是购买营运车辆的决策问题进行分析时，在车辆技术性能基本相同的情况下，通常是将购置车辆和租赁车辆的使用成本进行比较和分析。

四、汽车客运站建设项目可行性研究

汽车客运站建设项目是道路运输企业运输生产经营活动的重要物质基础设施，是道路运输企业开展运输生产经营活动的重要"市场资源"。做好客运站建设项目的评价与决策，对于道路运输企业来说，具有十分重要的意义。

可行性研究工作是道路运输客运站建设项目的综合管理手段，必须以整个社会对旅客运输的需要和人民群众日益增长的物质文化生活需要为基本前提，以道路运输生产的目的为基本出发点。研究技术可行性必须与采用该项技术获取的经济效益相结合，研究经济性必须考虑新技术的可能性，结合道路运输行业的生产特点，并重视道路运输企业的综合经济效益。汽车客运站建设项目可行性研究的主要内容，根据其研究深度和不同的要求，一般包括以下几个方面：

社会经济现状分析。对国民经济和社会发展以及运输市场进行分析、解剖和预测，阐述客运站建设项目的必要性、紧迫性、经济意义和对本企业运输生产经营活动的重大影响等。

社会经济与运输市场发展预测。对客运站项目建设所在地域的社会经济发展状况、运输结构、旅客运输量构成、客流特征等进行调查，分析相关资料，预测客运量发展水平，并借以确定客运站建设项目的合理建设规模等。

客运站建设地点选择。根据客运站建设项目所在地城镇的城市建设总体发展规划要求，结合道路运输建设项目的行业特点，确定出相对合理的建设地点和站址。

建站条件研究。对客运站建设地点要进行必要的勘察，搞清建设地点的自然条件、地址与水文等情况、交通环境、外部公用工程网络系统和协作单位的分布等。

客运站建设规模研究。根据预测结果和有关客运站建设规范，进行工艺计算和有关参数的确定，确定实现客运站、项目建设要求的主要建筑设施的组成和面积，选择论证客运站工艺流程方案，选择和确定实现工艺流程所需要的主要设备，并计算和确定客运站的劳动组织和人员配备等。

客运站建设方案研究。根据汽车客运站建设项目的工艺特点，结合建设地点条件，计出若干个可供选择与决策的建设方案，并对各个方案进行技术经济分析与论证，推荐出最优建设方案。

建设工艺研究。依据拟建客运站的要求和现有施工机具条件，研究并选择建设工期短、效率高、质量好的施工工艺方案和投资效果最佳的建设工期。

建设投资估算。根据工程条件、建设标准、建设规模、施工方案等，分析研究投资水平和资金来源与筹资方案，估算建设项目的分项投资与总投资，落实资金来源等。

效益分析与计算。分析研究拟建客运站建设项目的直接财务效益和间接国民经济效益，分别用静态和动态方法计算建设方案的投资收益率、内部收益率、现值指数、投资回收期等技术经济指标，并对方案的投资风险、敏感性以及客运站经营的盈亏平衡进行分析。

客运站建设项目评价。根据国家规定的客运站建设项目技术经济效果的评价基准值，把该基准值与上述计算结果进行分析比较，全面评价其投资项目的财务经济效益，并对社会效益和国民经济效益进行分析。最后根据评价结果，提出投资少、见效快、成本最低、效益最好的建设方案，并以科学的数据得出研究结论。

五、汽车客运站建设项目费用分析

客运站建设项目投资。项目投资总额就是建设客运站项目工作量的货币表现，它反映了项目的建设规模。客运站建设项目投资范围与各项费用的一般组成如下：

项目前期工作费用。主要包括征地费、建设场地"三通一平"费用、水增容费及自来水网、电增容费及室外电网、锅炉及热网安装费、工程勘察设计费、项目设计费等。

建筑工程费用。主要包括车站综合楼建设费、站内装饰装修费用、站前广场、客运站标志性工程建设费，生活福利设施费、汽车修理车间基建费、场地硬化费、司乘公寓建设费等其他建设费用等。

客运设备配套及安装费用。主要包括客运站站务服务设施设备配套费、维修设施设备购置费用，水电暖设施购置费用、办公自动化设备购置费、司乘公寓设备购置费以及设施设备安装工程等费用。

与项目有关的其他费用。主要包括项目建设需向工商、税务、城建、质监、环卫等部门缴纳的各种费用、工程招标费等。

客运站经营管理成本。主要是客运站的经营付现成本和期间费用；客运站经营的付现成本（指制造成本）主要包括职工工资及福利费、建筑设施设备的维修费、维修材料费、车站服务（产品）应承担的各种税金等。客运站经营的期间费用主要包括财务费用、管理费用等。

第四节　公路运输的经济效益

一、道路运输经济效益的含义

经济效益是指经济活动中的劳动消耗与其劳动成果之比，或者说，在经济活动中发生一定的支出与其换取的一定收入相比较的结果。

经济效益是经济活动结果的衡量标准。评估道路运输投资项目是否可行，分析一个方案对经济发展的影响，衡量道路运输业经济活动的状况，比较物质资源消耗的节约和浪费，都需要一个标准、一个度量的尺子，这个标准和尺子就是经济效益。

对道路运输企业来说，在符合社会需要的前提下，如果产出一定数量和质量的劳务，所占用的生产资料和劳动力少，即消耗的物化劳动和活劳动少，那么，这个企业的经济效益就好；相反，则差。或者说，在符合社会需要的前提下，消耗和占用的劳动量一定时：生产出一定质量的劳务越多，经济效益则越好；生产出一定质量的劳务越少，经济效益也就越差。

所以，在一般情况下，经济效益总是与劳动成果成正比，与劳动消耗、劳动占用成反比。道路运输企业的劳动消耗即劳动占用，其价值形态表现为一定量成本的资金的消耗及占用。其物质形态表现为一定量的汽车、配件材料、燃料、轮胎等生产资料的消耗及占用。劳动成果的价值形态表现为一定量的收入和盈利（利润税金），而其产品形态，则表现为具有一定质量和数量的客货运量和周转量。很显然，在投入的资金和人力、物力一定的情况下，产出具有一定质量的运量、周转量越多，运输收入越多，利润越多则经济效益越好。或者说，在产出的运量、周转量及运输收入、利润一定量的情况下，投入的资金、人力、物力越少，则经济效益也就越好。

二、道路运输业经济效益的分类

按不同的研究方法和计算方法，对经济效益可做如下的分类。

（一）道路运输宏观经济效益下企业经济效益

（1）道路运输宏观经济效益。道路运输业是物质生产部门，它不仅是为生产过程服务的生产性结构，而且也是为社会生活服务的社会生活结构，因此，对道路运输经济效益的评价，不能仅仅从运输本身衡量，而应该主要从它对社会再生产提供的服务，从而以再生产创造的经济效益来衡量，同时还应该从它提供的社会生活服务，满足各方面需要和奉献给人类的效益来衡量。也就是说，评价运输经济效益，应该重视运输的宏观经济效益。运输宏观经济效益主要指：

①由于运输服务规模的扩大，运输服务质量的提高给社会和生产部门带来的利益；

②由于单位产品运输费用减少，使物质生产部门的生产成本和流通部门的流通费用降低而获得的利益；

③由于运输效率提高节约了时间，加速了生产周转而创造的效益；

④由于运输本身各方面素质的提高，使运输费用减少所表现出的利益。

（2）运输企业经济效益，是指企业的支出与收入相比较所得的结果。因此，对企业经济效益的评价，就企业本身来说，集中反映在企业的利润方面。

（二）事前经济效益与事后经济效益

（1）事前经济效益，是指在决策计划过程中，对所拟订的方案进行预期计算所得的经济效益，并以此作为评价方案和选择最优方案的决策依据。因此，一切有关的经济预测、计划、预算、决策、分析以及对计划方案的事前审核，也都属于事前经济效益的计算范围。运输投资的经济效益就是一种事前经济效益。

（2）事后经济效益，是指实际完成情况好坏的效益。因此，把实际效益资料和计划效益资料相比较，就能进行控制和监督并进行事后经济分析。运输企业经营效益就是一种事后经济效益。

（三）绝对经济效益和相对经济效益

运输过程中发生的成本支出及收入之间有两种对比方式，因此经济效益也有两种表现形式：一种称为绝对经济效益；另一种称为相对经济效益。

（1）绝对经济效益。将运输收入和支出相减所得的结果称为绝对经济效益，用净收益来表示，即

$$净收益 = 收入 - 支出 \qquad (3-1)$$

净收益是收支相减后的结果，它是以绝对方式表示的经济效益，说明有无效益和效益好坏的问题。这里的收入是指用货币计量的各种经营收入或社会收益；支出是指货币计价的各种支出和成本。

（2）相对经济效益。将收入和成本支出相比所得的结果称为相对经济效益，也称为成本收益率。即

$$相对经济效益（成本收益率）= 收入/成本 \times 100\% \qquad (3-2)$$

（四）外部经济效益与内部经济效益

外部经济效益是指在运输部门以外为国民经济带来的实际成果和利益。例如，某条公路或某个车站的兴建，就是为了希望能对其受益地区的商品生产和劳务活动做出贡献，但这一类外部收益的衡量很困难，大多数情况下难以用货币来计算。

内部经济效益则是指由于运输建设和生产的发展直接给运输部门本身所带来的利益。这种类型的效益，一般是用运输费用的降低额来衡量的，例如，由于修筑公路而使使用者节省了汽油消耗、维修费用和旅途时间等。

（五）有形经济效益与无形经济效益

有形经济效益是指运输给社会和生产部门带来的能用经济尺度计量的效益。这种类型的效益容易鉴别和衡量。例如，运输效率提高所增加的运量，降低的运输费用，减少的运

输过程中的货物损耗等，都应视为有形效益。

无形经济效益是指运输给社会带来的无法用经济尺度来计量的效益。这种类型的效益，不容易鉴别和衡量，不能直接用货币具体表达，只能做定性的评价。如果运输项目的建设能使国家声誉提高、国防建设加强、环境污染减少、乘客旅途舒适和方便等，都属于无形的效益。

三、道路运输企业的经济效益

在市场经济下，由于道路运输企业把利润最大化作为其主要目标之一，所以企业经济效益情况集中反映在增加收入、降低成本及社会效益等方面。

（一）增加收入方面的效益指标

1. 资金利税率

资金利税率是企业实现的利润和税金与全部占用资金之比，这是一个综合性的经济效益指标，它反映了企业资金使用总的效益水平，表明企业投入一元钱能获得多少利润。其计算公式为：

$$资金利税率＝（实现利润＋税金）/全部资金平均占用额×100\% \qquad (3-3)$$

式中：全部资金平均占用额＝固定资产平均净值＋流动资产平均总值

2. 人均实现利税

人均实现利税是企业在一定时期内平均每一个员工实现的利税息额，反映企业员工为国家、企业和自己创造的经济效益。其计算公式为：

$$人均实现利税＝（实现利润＋税金）/全部员工平均人数 \qquad (3-4)$$

3. 全员劳动生产率

全员劳动生产率是指企业在考察期间平均每个员工完成的客、货换算周转量或营运收入，其计算公式为：

$$全员劳动生产率＝客、货车换算周转量（营运总收入）/全部员工平均人数 \quad (3-5)$$

4. 车吨（座）产量

车吨（座）产量是指企业在考察期平均每台营运车辆完成的客、货车换算周转量，一般按主车和挂车完成的客、货车换算周转量分别计算。其计算公式为：

$$车吨（座）产量＝专挂车换算周转量合计/主车平均总吨（座）位 \qquad (3-6)$$

5. 车吨（座）利润额

车吨（座）利润额是指企业在考察期内营运车辆平均每个吨（座）位产出的利润额。其计算公式为：

$$车吨（座）利润额 = 利润总额/营运车辆平均吨（座）位 \qquad (3-7)$$

以上 5 个增加收入方面的经济效益指标可直接体现劳动成果的大小，其数值越大，经济效益越好。当然，对于具有效率指标属性的指标，如全员劳动生产率、车吨（座）产量等，还应结合其他经济效益指标进行分析和运用。

（二）降低成本方面的效益指标

1. 货（客）车运输单位成本

货（客）车运输单位成本是指货（客）车运输总成本与其完成的换算周转量的比。其计算公式为：

$$货（客）车运输单位成本 = 货（客）车总成本/货（客）车换算周转量×1\ 000\ 000$$
$$\{元/[t（人）\cdot km]\} \qquad (3-8)$$

实际中也可根据需要计算与考核客货车综合运输单位成本。

2. 燃料消耗量

其计算公式为：

$$公里燃料消耗量 = 实际燃料消耗量/（货（客）车换算周转量+100）\{L/[百 t（人）$$
$$\cdot km]\} \qquad (3-9)$$

3. 轮胎（外胎）费用

其计算公式为：

$$轮胎（外胎）费用 = 报废外胎总成本/报废外胎使用里程×1000[元（千胎\cdot km）]$$
$$(3-10)$$

降低成本方面的效益指标属于经济效益指标的逆指标，其数值越小效益越好。而道路运输过程所耗费的各项费用，可通过成本水平高低加以反映。

（三）与社会效益相关的效益指标

运输企业的运输质量是其取得经济效益的保证，同时也与企业外部的社会效益密切相关，其中最重要的质量指标是运输安全指标。

1. 重大责任事故频率

重大责任事故频率是指主要由运输企业责任引起的重大责任事故的案次数与相应的营运车辆总行驶里程之比。其计算公式如下：

重大责任事故的频率=重大责任事故的案次/同期营运车辆总行驶里程×100 000 ［案次/（百万车·km）］ (3-11)

重大责任事故的伤亡人数和损失金额以及企业责任的划分，应按国家规定办理。

2. 行车肇事死亡率

行车肇事死亡率是指主要因企业或运输方责任所引起的行车肇事死亡人数与营运车辆总行驶里程之比。其计算公式为：

行车肇事死亡率=行车肇事死亡人数/同期营运车辆总行驶里程×1 000 000 ［人/（百万车·km）］ (3-12)

3. 客运正班率

客运正班率是指客车按计划班线、班次发车的实际运行班次数与计划班次数之比。其计算公式为：

客运正班率=实际运行的班次数/同期运行的班次数×100% (3-13)

以上指标中的重大责任事故频率与行车肇事死亡率两个指标是经济效益的逆指标，其值越接近 0 越好；而客运正班率指标越接近于 1 越好。

第四章　公路运输价格与市场管理

第一节　公路运输成本分析

一、运输成本的概念

运输成本是指运输企业在运输过程中所发生的各种消耗和费用，如职工工资、燃料、电力、运输工具折旧、维修、管理费等，这些费用的总和构成了运输总成本。运输成本往往又以某种运输方式单位产品的营运支出来表示，称为单位运输成本。

运输成本是一个重要的综合性的质量指标，它能比较全面地反映运输企业生产技术和经营管理水平。运量的增减、劳动生产率的高低、技术设备的改善及其利用程度的好坏以及材料、燃料、电力的消耗水平等，最终都会在运输成本上反映出来。因此，运输成本在运输企业生产和经营管理中具有重要作用。

1. 运输成本是运输企业维持简单再生产所需资金的主要保证。安排好各种维修、养护费用开支，对运输设备的运用与维修养护、完成运输任务和提高设备质量、保证运输安全等有重要作用。

2. 运输成本是反映运输过程消耗及其补偿的重要尺度。运输成本说明运输企业生产耗费的多少，只有当运输收入至少能弥补运输成本的情况下，运输企业才能收回在生产中所消耗的资金，保证再生产得以顺利进行，进而取得利润，为扩大再生产创造条件。

3. 运输成本是制定和调整运价的重要依据。只有在运输成本的基础上加上适当的盈利，按照国家的运价政策，才能制定出大体上符合运输价值和价格政策的运价。

4. 运输成本是进行技术经济分析、评价经济效果和进行决策的重要依据，也是进行各种运输方式运量分配和合理调整生产力布局的重要因素。

5. 运输成本也是考核和改善企业经营管理水平的有力杠杆。

二、运输成本的特点

由于运输业在生产和组织管理上有着不同于工业的特点，反映在运输成本上也有区别于一般工业（主要是加工工业）产品成本的特点。

（一） 从成本计算对象和计算单位看

一般工业企业成本是对原材料进行加工后完成的产品成本，它是分别按产品品种、类别或某批产品来计算的。就运输业而言，其产品是旅客和货物位移，运输成本的计算对象是旅客和货物的位移两大类产品，或把客货运输综合在一起的换算产品成本。至于运输成本的计算单位也不同于一般工业企业成本。虽然企业运送的是旅客和货物，但运输成本却不能只按运送的旅客人数和货物吨数计算，而是采用运输数量和运输距离的复合计量单位，即按旅客人千米、货物吨千米或换算吨千米计算。这是因为运输距离不同所消耗的费用也不同，只用旅客人数和货物吨数就不能反映运输生产量和消耗水平。

（二） 从成本构成内容看

一般工业产品成本中构成产品实体的原材料消耗占较大比重，而运输业的产品不具有实物形态，运输成本中没有构成产品实体的原材料支出，所发生的材料费用主要用于运输设备的运用、保养和修理方面，相对来说所占比重不大。在运输成本中，占比重最大的支出是固定资产折旧费，约占全部成本的1/3，其次是燃料费和工资。这和工业产品成本构成显然是不同的。

（三） 从成本计算类别看

工业企业要分别计算生产（制造）成本和全部成本（或称完全成本，即生产成本加期间费用之和），而运输产品不能脱离生产过程单独存在，其生产过程和消费过程是结合在一起的，边生产边消费。因此，运输成本没有生产成本和全部成本之分，也没有产品、半成品与产成品成本的区别，运输成本只计算其完全成本。但是，由于运输种类很多，运送条件各异，如旅客乘坐不同种类列车、客车或轮船，其运输成本是不相同的，而不同种类货物在不同运输距离上的运输成本也不相同，不同线路或道路和不同方向的运输成本也存在差别。因此，运输业虽然只有客运、货运两大类产品，但细致划分的运输成本计算对象却是很复杂的。为此，除了有一般条件下定期成本计算以外，为了给解决某些具体经济问题提供成本数据，运输业还有具体条件下非定期的成本计算。

（四）从成本与产品数量的关系看

工业生产过程中耗费的多少，与完成的产品数量直接相联系。而运输生产则有所不同，尽管它的生产成果是所完成的运量和周转量，其费用又体现在以吨（人）千米为计量单位的劳动消耗上（单位运输成本），但其生产耗费的多少，主要取决于车船（飞机）运行距离的长短，而不是取决于完成周转量的多少。而车船（飞机）运行中有空驶存在，完成的周转量与实际的运输消耗不完全是一回事，如果有较大的空驶存在，虽然完成的周转量不多，但消耗却很大。

三、运输成本的分类

在实际运输生产中发生的各项运输支出的具体项目是多种多样的，为了概括分析和掌握运输成本的构成情况，正确计算和分析运输成本，可从不同角度把各项运输支出进行分类。通过分类可以考察各类支出在运输成本中所占比重，分析其构成（或结构）。

（一）按费用要素分类

按费用要素不同，运输成本分为工资、材料、燃料、电力、折旧和其他。

工资指运输业运营人员、管理及服务人员的标准（计时）工资、基础工资、职务工资、附加工资、计件工资、加班工资、各种奖金、各种津贴及其他工资等。材料指运输生产过程和管理服务工作耗用的材料、配件、润滑油脂、工具、备品、劳保用品、清扫及照明材料等。燃料指供运输机械（火车、汽车、飞机和轮船）运营、生产、取暖和烧水用燃料（含固体、液体和气体燃料）。电力主要体现在铁路运输中，是指支付铁路发、配、变电厂及路外单位的电力机车牵引用电力和其他电力费。折旧指按规定提取的基本折旧费和修理提成费。其他指不属于以上各要素开支的费用，如福利费、集中费、差旅费、邮电费、租赁费、按规定支付的客货运事故赔偿费和支付附属企业及其他单位的劳务费等。

以上要素是按支出的经济性质或经济内容划分的，这样划分可以了解各项要素费用所占的比重情况，分析运输成本构成变化，同时也便于计算国民收入。当然，随着生产的发展和管理制度的改革，各项费用要素的比重也会有所变化。

（二）按经济用途分类

运输企业设置成本科目和项目，首先是以按用途分类为基础的。例如：营运费用分别用于运输和装卸，就设置"运输支出""装卸支出"等分类账户；材料用于车船营运消耗或是用于装卸机械的保养和营运消耗，则列入相应的成本材料项目；而营运车辆各级保养所发生的工料费用以及车辆、装卸机械耗用的各种材料、液压油料等，则列入运输成本的保修项目。"其他业务支出"总分类账户下则设置"旅客服务""船舶出租""外轮理货""短途运输"等项目，也是根据用途分类设置的。

以上划分往往结合成本管理对核算的要求，与生产组织的有关部门相对应，便于实行成本管理责任制和加强定额管理。

（三）按支出与生产过程的关系分类

按支出与生产过程的关系，运输成本可分为生产费用与管理费用（或称为基本费用和一般费用）。

生产费用是运输生产过程所发生的全部费用，它又分为基本生产费用和一般生产费用两种。前者指运输生产过程中运营、维修直接发生的费用，如办理客货运输业务费用、企业的车辆费用和船舶费用、运输机械设备维修费用等，以及燃料费、材料费、维修费等；后者是指为基本运输生产服务的辅助生产费用，如生产工具备品和劳动保护费等。管理费用则是指组织和管理运输生产而发生的各种费用，如管理及服务人员工资、办公费、差旅费等。

以上划分的目的是为了按不同用途分别掌握各类费用。一般来说，生产费用特别是基本生产费用占运输成本的比重较大。在节约支出的原则下，对基本生产费用要尽量予以保证，以利于生产。对管理费用则要严格控制和尽量压缩，促使企业不断提高经营管理水平。

（四）按支出与运量的关系分类

按支出与运量的关系，支出分为与运量有关的变动支出和与运量无关的固定支出，运输成本划分为变动成本和固定成本。

变动支出是指随客货运量的增减成比例变化的费用，如各种客货运输服务费用、车船运营用燃料和电力费、车船维修费、轮胎费、港口费等。固定支出则是指在一定时期和一定运量范围内不随运量增减变化，相对保持稳定不变的费用，如房屋建筑物维修费、管理费、计时工资、船舶或车辆折旧等。但是，实际支出中还有介于变动支出和固定支出之间的费用，可称为半变动支出或半固定支出（或称为混合支出）。对这些支出要将其分解，以便分别列入变动成本和固定成本。

以上划分是为了分析运量和车船运营质量变化对运输成本的影响。这样划分是相对的和有条件的，因为从较长时期来看，几乎所有的支出都在不同程度上和运量的增长有关。因此，随着分析的时间范围不同，变动费用和固定费用所占比重也就有所不同。另外，随着运量的增长和技术设备的改变，这两种费用的比重也会有变化。

（五）按支出计入运输产品成本的方法分类

按支出计入运输产品成本的方法，运输成本分为直接费和间接费，也称直接列入支出和分配列入支出。

直接费是专为某种运输所发生的费用，如燃料、轮胎、港口费等，当分别计算不同运输产品成本时，可直接计入某项产品成本中。例如，在分别计算旅客和货物运输成本时，客车维修费和货车维修费可直接计入旅客和货物运输成本。间接费则是完成两种以上运输产品所共同发生的费用，当分别计算不同运输产品成本时，必须采取适当办法在各种产品之间进行分配，才能分别列入有关产品成本。例如管理费用、通信信号设备维修费、各项一般生产费等，在分别计算客货成本时，就要按适当比例进行分配。

以上划分是为了计算不同种类的运输成本。直接费与间接费的划分并不是绝对的，它和运输成本计算对象的粗细有关。此外，这种划分也和支出科目的设置有关，当支出科目尽量按不同运输产品分设时，直接费所占比重就大，否则所占比重就小。

运输成本的分类，实际工作中是按照运输支出科目进行划分的。支出科目是把同一业务或工作以及近似同类业务或工作发生的支出，或性质和用途相近的费用归纳在一起，分别进行记载，以便把内容繁多的支出进行系统整理和汇总，组成完整的运输支出信息系统。通过支出科目的设置，更进一步明确运输成本的开支范围，为运输成本管理提供最基本的数据，从而发挥多方面的功能。为适应运输支出分类的要求，对每个运输支出科目都是按上述费用要素进行计划和核算的，这样就可按要素汇总全部运输支出。在支出科目表中，分生产费和管理费，生产费中又分基本生产费与一般生产费，而基本生产费中又分各业务部门来设置各种科目。至于一般生产费与管理费科目则由各部门共同使用，分部门汇总。这样就可按用途分部门掌握全部运输支出。

四、各种运输方式的运输成本的构成

各种运输方式的运输成本是根据每种运输方式在生产过程中所消耗的各种费用构成

的。由于各种运输方式的特点不同，运输成本的组成项目不一定相同，各种费用在总成本中所占的比例也不一样，所以各种运输方式的成本构成也不一致。

铁路运输成本是综合机务、车辆、车站等直接从事运输生产的单位发生的各种费用来进行计算的各项费用，包括员工工资、材料、燃料、物料、电力、固定资产折旧和管理费用等。

水路运输成本分为三大类：水路运输固定设施成本、水路运输移动载运工具成本和水路运输运营成本。水路运输的固定设施成本包括航道和港口起初的投资建设成本、航道和港口使用寿命内所需要的养护及维修等项使用成本，与投资相比，航道和港口的养护、维修及使用费用比较少。水路运输的运营成本包括船舶经营成本、设备折旧费、航次费用和货物费用。其中船舶经营成本和设备折旧费为固定成本，航次费用和货物费用为变动成本。船舶经营成本包括船员工资、加班费、伙食费、社会保安费、旅游费、保险费（为船舶投保各种险别的费用）、修理与维持费、船舶物料及杂项费用。航次费用是船舶在航次运行中所发生的费用，内容包括燃料费、港口及运河费、货物费、客运费、垫舱材料费、事故损失和其他。

公路运输成本分为车辆费用和企业管理费两大类。车辆费用包括工资及福利费、燃料费、轮胎费、营运车辆保修费、大修理计提、折旧费等。

由于各种运输方式的技术经济特性不同、营运工作条件不同，各项费用在总费用中所占比重也各不相同。在铁道运输成本中，铁路线路的维修费包括在成本内，内河运输成本中则不包括航道的维护费。在铁路成本中，工资的比重较大，这是因为铁路运输中除了有庞大的运输组织工作人员外，还有线路维修、线路建筑物维修和机车车辆维修人员；水运则不计航道和航标工作人员，工资支出所占比重相对比铁路较小；公路运输只计司机及助手的工资，服务和管理人员的工资计入管理费用，工资在运输成本中的比重则较小。

五、影响运输成本的因素

（一）运输成本与运输距离的关系——运费率递减律模型

各种运输方式的运输成本与运输距离是有密切关系的。这里主要是指运费率递减律对所有运输方式都适用。所谓运费率递减律，指的是同样重量的货物，其运价虽然会随距离的增大而增加，但这种增加不是成比例的。随着运输距离的增大，按吨千米计算的运费率会相应地逐步下降。这是因为：

（1）每一种运输方式的运输成本均可分解为站场费用与路途费用两大项。其中站场费用是不会随货物运输距离的不同而变化的。站场费用包括货物由货源地运到发运站的运费和装卸费、货物从到达站运到收货单位的运费和装卸费、站场固定资产的折旧费、站场的经营管理费、货物在站场停放期间的仓储费等。这项费用的大小只和托运货物的体积、重量等有关，而与货物的运输距离无关。而路途费用则不同，它包括运输工具的折旧费、修路费、航修费、管理修理费、运行途中动力与劳动消耗费用等。这些费用的大小是和货物运输距离成正比的。

站场费用（进出站场各一次的费用）= 2×货重×每吨货进（出）站场一次的费用

$$(4-1)$$

路途费用总计 = 货重×运距×每吨千米应负担的路途费用 $\qquad(4-2)$

（2）路途费用也不是严格地随着运输距离的增大而成比例增长的。例如，在铁路运输业中，短途运输要用零担列车装载，沿途须不断摘车、挂车，运行效率低；而较长距离的大宗货物则可用直达专列运输，运行效率高，途中费用也相对较低。

（3）运输公司通常对长距离运输多实行"薄利多销"政策，对运输距离愈长的货物收费愈低。

（二）运输成本与运输量的关系

各种运输方式所能完成的货物运输吨千米数，也影响着运输成本的水平。我们同样可以把运输费用总支出分成两部分：一部分是与运量有关的，随运量的增长而增加的费用，称为可变费用；另一部分是与运量无关的，不随运量的增长而变化的费用称为固定费用或不变费用。如水路运输成本中的船舶燃润料费、港口费及装卸成本中的装卸机械动力费、装卸计件工资等均为可变费用，是随运量增长而变化的；而水运成本中的船员工资、船舶折旧费、企业管理费及装卸成本中的机械折旧费、企业管理费均为固定费用，是与运量无关的。铁路、公路运输费用总支出也可以同样分成这两块。用公式表示为：

运输费用总支出 = 与运量有关的单位运输费用×总运量+与运量无关的费用 （4-3）

单位运输成本 = 与运量有关的单位运输费用+与运量无关的费用/总运量 （4-4）

这样，当货运吨千米数增加时，可变费用随吨千米数增长而相应增长，而与吨千米增长无关的固定费用则相对保持不变，分摊到单位运输成本中的这部分固定费用相对减少，单位运输成本下降；反之，货物吨千米下降，尽管可变费用也下降，但固定费用基本不变，分摊到单位产品上固定费用就会相对增加，而使单位运输成本提高。

（三） 运载率

运载率包括装载率和运输密度。

装载率也称装载系数，即实际装载量与额定装载量的比值。它对运输成本有极大的影响。无论是汽车、火车、轮船还是飞机，从半载到满载的运输总成本增加非常有限：固定成本不会增加；运行成本中人工费和维修费不会（或很少）增加；燃料费中设备自重通常占有相当的比重，实际增加比例也远远小于装载比例。在距离和运输密度已定的情况下，运输成本随运输设备的装载率的增加而减小，其关系如图4-1所示。

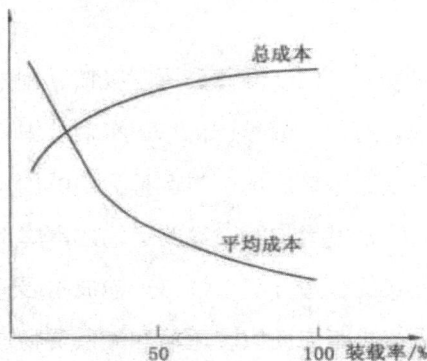

图 4-1

显然，各种运输工具都具有满载效益，即装载率越高，平均运输成本就越低，运输企业的利润也就越大。正因为如此，运输企业要提高经济效益，就要尽可能让运输设备满载运行。如：水运中，要对船舶进行科学配载，以充分利用舱容和载重力；铁路运输中，运输设备的满载运行除了使车辆的容积和载重力得到充分利用外，还有机车牵引力充分利用的问题，如出现"大马拉小车"的现象，必然使运输成本上升。公路运输中经常发生超载现象，4t的卡车装6t甚至8t的货物，就是车主过度利用满载效益的例子——虽然能极大地提高运输利润，但容易引发交通事故和严重损坏路面，是决不提倡的。

虽存在满载效益，但如果本来跑两趟，现在只走一回，仍然不可能降低运输成本。因此，只有装载率还不行，还必须有一定的运输密度，"多拉快跑"才能创造向效益。

在运输经济学中有密度经济（Density Economics）的概念，其定义是：运输网内提高运输量能够导致单位运输成本的下降。密度经济也可以被描述为运输网经济（Network Economics），密度经济来自于运输资源共享造成的节约，或者说是因运输网的交通量增加而效益成倍提高时，相应运输服务需要的所有资源投入，如运输人员、运输工具和运输设施并非都要同比增加，由此便获得了额外的高效益。例如，铁路高峰时段的客流量能够超过平时的一倍以上，但是，完成这样客运任务绝不需要再额外投入一倍的司乘人员、一倍的机车和车辆，更不需要额外再建一倍的车站和铁路线，而只需要适量增加人员和机车，加强管理，科学调度，多拉快跑。当然，过高的运输量可能导致运输的密度经济耗尽甚至走向反面，这时，运输网外的经营反而成为比较便宜的运输经营方式，如当高速公路出现拥挤时，平行的相关道路可能具有更高的效率。

六、各种运输方式的特点及其对成本的影响

（一）铁路

铁路实行基层站段、铁路局、中国铁路总公司三级核算制度。在铁路运输中，铁路线路、桥梁、隧道、站场、货场、通信、信号、机车、车辆等固定运输设备较多，这方面消耗的支出也相应较多，因此在铁路运输成本中与运量无关的固定成本所占比重也较大。在变动成本不变的前提下，当运输密度增加时，铁路运输成本降低得多。运输密度大小对运输成本影响决定着不同运输方式的合理分工。铁路运输成本受运输密度影响较大，因而铁路适合承担客货运较繁忙的中、长距离的旅客运输和大宗货物运输。

铁路运输可以采用内燃机车或电力机车牵引，采用不同的牵引动力或两种牵引方式所占比重不同，直接影响铁路平均运输成本的水平。另外，使用不同类型或载重量不同的车辆，对铁路运输成本也有一定的影响，如使用保温车或油罐车成本较高，而敞车成本则较低。

铁路运输的作业过程同其他运输方式的作业过程一样，包括在始发地的发送作业、在途中的运行作业和到达目的地的到达作业。铁路运输在发到站有承运、装卸车、取送车、交付等作业，在运行过程中有会让、越行、中转解体、编组等较为复杂的作业，因此其始发、到达作业成本所占比重较低，而中转作业成本则相对较高。由于始发、到达作业成本与运距无关，因而运距越长，成本相应越低。运距变化对成本的影响同样决定着不同运输方式的合理分工。

铁路运输具有高度经常性，不分昼夜与季节，是连续不间断的运输，故其成本较低。当然，各铁路局、各条线路的成本也因所在地区的地形和气候条件影响而有所差异。

（二）公路

公路运输是我国最重要和最普遍的短途运输方式，尤其近年来，随着汽车工业的发

展，无论客运量还是货运量均有大幅度上升，其平均运程也逐渐增加。

汽车运输企业一般归地方各级交通部门管理，运输活动比较分散。汽车运输企业类型相应较为复杂，从经营性质上看，除地方国有的运输企业外，还有相当数量的集体所有制、民营运输企业，以及大量机关、企事业单位的汽车参加社会运输，另外，粮食部门、商业外贸部门、石油部门、建筑部门及一些大的厂矿企业都有自己的汽车运输公司。从经营的业务看，有专营旅客运输的，有专营货物运输的，同时也有兼营客货运输的汽车运输企业。从运营范围来看，有专门的城市汽车运输企业，也有在一定区域内城市之间经营客货运输业务企业。这些企业规模大小悬殊，在生产和管理组织上各具特点。在成本核算上，一些小型企业由公司一级核算，一般的汽车运输企业实行车队和公司二级核算，有些大型企业则实行车队、车场和公司三级核算。由于汽车运输行驶的公路是由各部门、各企事业单位和个人共同使用的，所以它不归汽车运输企业管理和维修，而由单设的公路管理部门管理。另外，大中型汽车运输企业都设有装卸和汽车修理等辅助生产部门，其成本是单独核算的。

汽车运输需要消耗大量燃料，故燃料费在汽车运输的成本中所占比重较大，若降低了汽车的燃料消耗，则汽车运输成本也会随之下降。当然，汽车使用汽油、柴油或新能源，其成本有较大差别。另外，采用不同车型或载重量的汽车进行运输，其成本也不同。

由于汽车载重量较小，发到作业所需时间不多，故始发、到达作业成本比重很小。因此，运距长短对汽车运输的成本影响不太大，短途运输成为公路运输最明显的优势。

汽车运输受地形和路况条件限制较大，同时也受气候的影响，其经常性比铁路要差。这也是影响公路汽车运输成本的因素之一。

（三）水运

水运包括河运和海运。水运是利用天然水域运输的，其固定成本所占比重比之铁路小，而较之公路大，主要包括航道、港口、船舶费用等。

水运企业从经济性质上看，有国有、集体、民营之分；从管理体制上看，一般海运企业和港口企业是分开的，内河港埠有的属于内河运输企业，有的也分开。因此，水运成本区分为船舶运输成本和港口业务成本，其中港口业务成本主要是装卸成本。水运企业中，由于航行区域不同、航行条件各异，故内河、沿海及远洋运输企业分别设立，其成本也分别核算。此外，交通部直属水运企业和各级地方所属水运企业分别管理，其成本也分别核算。由于水运航道是利用河流、湖泊或海洋，在航道上有不同部门和企事业单位的船舶航行，包括军用船舶在内；有些内河与湖泊又与水利、发电等工程结合在一起，因此，内河航道和海上灯塔、港口设施也是专设机构管理，其设备维修等费用不直接计入水运成本中，而是由运输企业支付一定的养河费和港口费列入成本。

水运船舶可采用蒸汽或内燃做动力，采用不同的动力装置，水运成本也不同。另外，出于水运航道条件的复杂性等原因，使得各种船舶载重量大小相差悬殊，一般载重量大的比载重量小的船舶成本低。

由于水运船舶载重量比其他运输工具大，而且港口装卸条件比较复杂，而船舶在运行过程中的途中作业较少，可以不间断地连续航行，故水运的始发、到达作业成本所占比重较之其他运输方式是最大的。因此，距离越长，水运成本降低越多，越能显示出水运的优越性。海运和河运的成本是不同的，海运因船舶载重量大，港口停泊费用高，更适宜于远距离运输。目前，海运成本在各种运输方式的成本中是最低的。

水运受自然形成的河流、海域影响较大，无法形成全国性的水运网，其经常性较差。有些地区的内河航道和港口受水位的季节变化和气候影响较大，有一定的通航限制，这些都直接影响到其成本的高低。

（四）民航

我国民用航空业务包括客货运输飞行和专业飞行（如航空农业、飞机播种造林、探矿、海上服务等）两大类。航空运输有其最突出的运营优点，就是不完全受天然和地理条件限制，可以跨越各种天然障碍。在航空运输中，所需机场、飞机、地勤设备等固定设备不多，但其造价极高，故其固定成本所占比重较大。运距越远，越可体现航空运输的优越性。航空运输能量消耗很大，故燃料费在其成本中占较大比重。在航空运输作业成本中，中转作业成本所占比重较小，而始发、到达作业成本则相对较大。

采用不同的机型，航空运输的成本有所不同，即便是同种机型，因载重量不同，其成本大小仍然有别；不同的航线，其成本也是不同的；另外，各种专业飞行项目的航空运输成本是有差异的。航空运输易受到气候影响，其经常性较差，这也是影响其成本的因素之一。

航空运输载重量小、成本高，但速度快，故而适宜发展边远地区、高档外贸和急需物资的运输。

（五）管道

管道运输目前已成为陆上石油、天然气运输的主要方式。在管道运输成本中，固定设备费用占比重很大，而这些费用和管道输送量关系不大，只有当达到一定输送量时，利用管道运输才是经济的。管道运输始发、到达作业成本所占比重很小，故输油距离和输油成本的关系不大。

管道运输占地少，运量大，安全可靠，可以不间断输送，成本低。因此，在成品油集中的流向上，要尽快发展成品油管道运输，同时积极慎重地发展输煤管道运输。

七、各种运输方式成本的比较

（一）各种运输方式的平均成本水平

各种运输方式的平均成本水平是不同的。各种运输方式的平均成本相比较，以水运企业中海运单位成本为最低，与之相反，民航运输企业的平均成本远远高于其他运输方式的平均成本。同时可以看到，陆路运输中，铁路仍占有较大优势，无论是客运还是货运成本都较之公路运输成本低，尤其货运成本，公路比铁路要高不少。至于管道运输平均成本，与铁路货运平均成本相比稍低，而比铁路用罐车运送石油的成本要低得多。

各种运输方式的成本水平不同，是受多方面因素影响的，其中最主要的因素之一就是该运输方式的成本中各项费用的构成，即成本结构。因此，需要进一步分析各种运输方式的成本结构特点。

（二）各种运输方式的成本结构

成本结构（或构成）一般用各项费用要素在成本中所占比重表示，各种运输方式所消耗的劳动力、燃料、材料、动力以及购置的固定资产各异，从而形成了不同的成本结构。

1. 铁路

在铁路运输成本中，折旧所占比重最大，将近达到40%，因为铁路占用固定资产较多，其中线路设备就占全路运输固定资产价值的一半以上。其次工资也占较大比重，这是因为铁路消耗人力较多。再次是燃料费，主要是内燃机车用油。相对来讲，材料、电力、其他所占 比重较小。当然，随着生产技术发展和经营管理的改善，各项要素费用所占比重也将会有所变化。

2. 公路

按交通部的统计口径，公路运输成本由以下 10 项费用构成：

工资：按规定向企业职工支付的工资。

职工福利费：按工资总额提取的用于职工福利的费用。

燃料：营运车辆消耗的各种燃油的支出。

轮胎：营运车辆运行耗用的外胎、内胎、垫带费用以及轮胎翻修费和零星修补费。

修理：用于车辆各项修理的费用支出。

折旧：营运车辆按规定提取的折旧费。

运输管理费：运输企业向运管部门缴纳的管理费用。

税金：企业按国家税法规定的税种、税率向国家缴纳的款项。

行车事故费：用于支付行车肇事的损失费用。

其他：不属于上述内容的成本支出都归于此类。

把这 10 项运输成本分成五类：

工费：包括工资、休假薪资和津贴等。

设备费：包括设备购置、折旧、分期付款利息、零件、修理和轮胎等费用。

燃料费。

管理费：包括运输企业向运管部门缴纳的管理费用、保险费（行车事故损失）、税金及养路费等。

其他费用：包括水、电、通信等各类杂费。

上述费用中，设备费和燃料费所占比例是比较大的，达总成本的 50% 以上，其次是管理费、工费和其他费用。

3. 水运

水运包括海运和河运。海运成本结构按成本项目划分为航次运行费用、船舶固定费用、集装箱固定费用、船舶租费和船队费用。航次运行费用、船舶固定费用、船舶租费共同构成船舶费用。河运成本结构按成本项目划分为船舶航行费用、船舶固定费用、船舶维护费用和港埠费用四部分。船舶航行费用和船舶固定费用共同构成船舶费用。在水运成本中，船舶费用占有相当大的比重，其他费用则相对较小。而且在船舶费用中，燃料费、折旧费、修理费所占比重较大。

4. 民航

民航运输企业的成本按费用要素划分为工资、航空油料消耗、折旧费、飞机保险费、维修费和其他费用等。其中航空油料消耗、折旧费所占比重较大，这与航空运输的特点是密切相关的。另外，维修费和其他费用也占一部分，但比重不大。

5. 管道

在管道运输的成本中，折旧费用所占比重最大，达到全部成本的一半以上。其次电力和燃料消耗也占一定比重。其余部分工资、材料等费用所占比重不大。

第二节　公路运输价格及管理

一、运输价格的涵义

所谓运输价格，是指运输企业对特定货物或旅客所提供的运输劳务的价格。

运输价格能有效地促进运输产业结构的优化配置。运输产业结构主要包括运输工具和其他与之相关的基础设施，如港口、码头、机场、车站以及航道、道路设施等。无论是国家对运输产业结构进行统一规划还是运输企业对其自行调整，运输价格的高低将会在其中起至关重要的作用。运输企业对此尤为敏感。如果市场上运输价格上扬，运输企业认为有利可图，就会增加运输能力的投入；反之，则会减少运输能力的投入，甚至退出运输市场。运输产业结构通过运输价格进行调整，其结果将有利于促进各种运输方式之间的合理分工。

运输价格能有效地调节各种运输方式的运输需求，它是基于总体运输能力基本不变的情况下，因运输价格的变动导致运输需求的改变。但货物运输需求在性质上属于"派生需求"，运输总需求的大小，一般决定于社会经济活动的总水平、运输价格的高低对其产生的影响极其有限。但有时运输价格的变动对某一运输方式的需求调节却是十分明显的。

运输价格在国民经济各部门收入分配中起重要影响作用，它是运输企业借以计算和取得运输收入的根本依据。因此，运输价格的高低，直接关系到运输企业的收入水平。另一方面，货物运输价格又是商品销售价格中的有机组成部分，它的高低也会影响其他物质生产部门的收入水平。因此，运输价格的调节作用，可以促使其他生产部门将生产要素投入到效益好的领域，从而达到资源的优化配置。

二、运输价格的特点

（一）运输价格是一种劳务价格

运输企业为社会提供的效用不是实物形态的产品，而是通过运输工具实现货物或旅客在空间位置的移动。在运输生产过程中，运输企业为货物或旅客提供了运输劳务，运输价格就是运输劳务产品价格。

劳务产品与有形商品最大的区别是：它是无形的，既不能储存也不能调拨，只能满足一时一地发生的某种服务需求。运输企业产品的生产过程亦是其产品的消费过程。因此运输价格就是一种销售价格。换言之，运输价格只是销售价格一种表现形式，而不像其他有形商品可有出厂价、批发价、零售价之分。同时，由于运输产品的不可储存性，当运输需求发生变化时，只能靠调整运输能力来达到运输供求的平衡。而在现实中，运输能力的调整一般具有滞后性，故运输价格因供求关系而产生波动的程度往往比一般有形商品大。

（二）货物运输价格是商品销售价格的组成部分

社会的生产过程不仅表现为劳动对象形态的改变，也包括劳动对象的空间转移，这样才能使物质产品从生产领域最终进入到消费领域。在很大程度上，商品的生产地在空间上是与消费者相隔离的，这就必须经过运输才能满足消费者对商品的实际需要。在此过程中又必须通过价格作为媒介来实现商品的交换。这样，货物运价就成了商品销售价格的重要组成部分。在外贸进、出口货物中，班轮货物的运价占商品价格的比率为 1.1%～28.4%，大宗而价廉货物的比率可达 30%～50%。由此可见，货物运价的高低会直接影响商品的销售价乃至实际成交与否。

（三）运输价格具有按不同运输距离或不同航线而别的特点

货物或旅客按不同运输距离规定不同的运价，称为"距离运价"或"里程运价"。这是因为运送货物或旅客即运输对象的空间位置移动是以周转量来衡量的。货物周转量以吨千米（或吨海里）为计量单位；而旅客周转量，则以人千米（或人海里）为计算单位。因此，运价不仅要反映所运货物或旅客数量的多少还要体现运输距离的远近。这种按运输距离制定的价格，货运表示为吨千米（或吨海里）运价，客运表示为人千米（或人海里）运价。距离运价是我国沿海、内河、铁路、公路运输中普遍采用的一种运价形式。

货物或旅客按不同航线规定不同的运价，称为"航线运价"或"线路运价"。采用此种运价，是基于运输生产的地域性特点。运输工具在不同航线（或线路）上行驶，因自然条件、地理位置等有显著差别，即运输条件各不相同，即使货运（或客运）周转量相同，运输企业付出的劳务量及供求关系等却相差很大。因此，有必要按不同航线（或线路）采用不同的运价。目前，这种运价同样广泛地应用于远洋运输和航空运输中。

（四） 运输价格具有比较复杂的比价关系

货物或旅客运输有时可采用不同运输方式或运输工具加以实现，最终达到的效果也各不相同。具体表现为所运货物的种类、旅客舱位等级、运载数量大小、距离、方向、时间、速度等都会有所差别。而这些差别均会影响到运输成本和供求关系，在价格上必然会有相应的反应。例如，甲、乙两地之间的旅客运输可供选择的运输方式为铁路和海运，而铁路硬席卧铺的舒适程度与海运三等舱位相仿，但由于运输速度前者快于后者，因此在一般情况下铁路票价会高于海运；若情况相反，结果会造成铁路运输紧张而海运空闲，这时若海运因运输成本高而无法降价以争取客源，最终只能退出该航线的运输。目前我国沿海众多客运航线被迫停航就是一个明证。

（五） 运输价格受政府管制政策限制

由于交通运输产业所提供的服务的必要性和产业具有一定的自然垄断性，因此受政府的宏观控制，企业的经营自主权受到一定限制。在我国，从运输的价格来看，铁路的基本运价是由政府决定的，其他大部分交通运输部门的运价也必须得到政府的认可，运输价格受政府管制政策影响较大。

三、运输价格的职能

（一） 资源分配职能

在市场中，消费者根据价格决定各种商品和服务的消费量，因此，各种商品和服务的供给量也间接地由价格决定，各生产设施的利用程度也取决于价格。所以，价格具有决定把社会能够利用的稀缺资源（劳动、资本、经营能力等）分配给什么产品、分配给多少，由哪个生产者或哪个生产设施生产，为了哪部分消费者而生产等资源分配职能。价格的这个职能，不仅对现有生产设施下的短期资源分配起作用，而且也波及长期资源分配，高价格、高利润的部门吸引投资，从而使得对现有消费或其他部门（设施）所投入的资源减少。

运输价格具有对运输业与其他行业之间和运输业内部各运输方式之间的资源分配的调节功能，运价不仅在一定程度上决定了运输部门和各个交通设施的投资量和现有设施的利用程度，而且还决定了各设施的利用者及其利用量。

（二） 分配收入的职能

通过价格生产者要补偿生产中所付出的成本。当价格低于成本时，生产者就会发生亏损，这个亏损如果由其他产品销售的利益或政府补助补偿的话，就意味着其他产品的消费者及一般纳税者实质上与该产品的消费者重新分配收入（铁路的全国统一价格就是一个例子）。

某产品消费者整体支付的金额正好补偿生产者的费用时，如果各个消费者所支付的价格不同的话，这样的差别价格也具有重新分配收入的职能，即由支付高价格的消费者对只付低价格的消费者进行补偿（如普通运价和折扣运价）。

（三） 刺激经济效益

刺激经济效益是指通过运价刺激每个运输企业改进技术，降低成本，提高劳动生产率的职能。价格反映平均的社会劳动量，而不管个别企业的实际劳动耗费的高低。因此，无论供求是否平衡，在正常情况下，对同类货物的运输，只能有一个价格或基准价格，每个运输企业必然要接受这把统一的社会尺子加以衡量与检验。如果企业的运输效率低，收入就会少，获取的利润就少。因此，运价刺激每个运输企业努力降低成本、增加收入，尽力使自己的个别成本低于社会成本，以便获取较高的利润，所以价格是促使企业提高经济效益的重要手段。

（四） 调节供求关系

运价的调节职能即平衡运输供求的职能。价格的调节职能对运输生产者来说，表现为：供过于求而迫使价格下降，运输生产者无法通过运价的收入得到正常的利润，就可能被迫缩小生产规模，或转而从事别的产品的生产；如果供不应求而使价格上升，将使生产者增加生产，或使新的企业投入运输行业，使得总供给与价格按同一方向变动。运价所反映的不平衡的供求关系及价格对价值的背离，会使运输生产得到调节，资金在各运输方式或部门之间发生转移。

价格的调节职能对运输需求者来说，表现为：在一定的收入条件下，由于运价的变动，消费者会不断地对运输需求的结构做出新的调整与选择。在某种运输方式的运价提高时，一般来说，需求者对该种方式的需求必然减少，在运价降低时，则需求必然上升。总之，对运输的需求一般是按与运价相反的方向变动的。当然，在供不应求的情况下，即当总的运输能力不足时，即使提高运价，也不一定导致运输需求减少到运输能力以下。在这种情况下，必须增加运力，才能满足对运输的需求。

在现实的经济社会中，由于运价与各类商品价格有着十分密切的关系，它的变化对整个国民经济的影响很大，因此，几乎所有的国家的运输价格都受政府不同程度的控制，以保持运价的稳定性和统一性。也就是说，运价的基本职能在实际上并不能完全地得到发挥。

在市场经济下，为尽可能充分发挥运输价格的职能，可采取的做法是：运输生产者如果通过市场竞争，了解到运输市场现已供过于求，或者供不应求，那么就应通过价格的手段去平衡，努力使供需关系趋于和谐，实现价格调节供求的职能。因此，给企业一定的定价权是十分必要的。当然，实行浮动运价，包括浮动的幅度、浮动的时间等，都要得到有关部门批准。

四、运输价格的形成因素

（一）运输成本

运输成本是运输生产过程中消耗的活劳动和物化劳动。具体来说，它包括用于支付材料、燃料、动力、固定资产折旧、固定资产修理、工资、管理等方面的费用。

运价的制定要以运输价值为基础，而运输价值主要包括三方面内容：①运输生产过程中消耗的生产资料转移价值；②劳动者活劳动消耗中为满足个人生活需要、以工资等形式分配给劳动者所创造的价值；③向国家上缴的税金和向投资者分配的利润等新创造的价值。马克思曾经指出：商品出售的最低界限是由商品的成本价格规定的。如果商品以低于它的成本价格出售，生产资本中已经消耗的组成部分，就不能全部由出售价格得到补偿。如果继续下去，预付资本价值就会损失。

由于不同运输方式的技术经济特征不同，它们在运输成本方面表现出的特征也不相同。一般情况下，运输成本高的，其运价率也应该高；而运输成本低的，其运价率也相应较低。

（二）运输市场结构模式

根据市场的竞争程度，运输市场结构可大体分为四种类型，即完全竞争运输市场、完全垄断运输市场、垄断竞争运输市场和寡头垄断运输市场。不同类型的市场有不同的运行机制和特点，对运输价格的形成会产生重大影响。

1. 完全竞争运输市场

完全竞争运输市场是指运输企业和货主对运输市场价格均不能产生任何影响的市场。在此种市场上，运输企业和货主都只能是运输价格的接受者，故运输价格完全由供求关系决定。在现实中，虽然并不存在这种市场，但基本具备该市场条件的为海运中的不定期船市场。

首先，不定期船市场中的运输供给者（即船舶所有人或占有人）和需求者（货主）众多，无论谁都无法控制市场价格。其次，船舶所有人只要具备一定的经营条件和能力，就可进入市场、投入运输。若市场不景气，可随时退出，而不像班轮运输那样有较大限制——无论进入或退出均不易。因此，不定期船尤其是航次租船的运输价格可以说基本上是由市场供求关系决定的。但在现实中，由于存在不正当竞争或竞争不充分而造成运输价格的扭曲，却较为常见。目前，我国公路运输和水路运输已经完全市场化，经营主体也多元化，有国有、集体、个体运输企业，还有中外合资、合营和外商独资企业，除公路客运价格由地方政府实行指导价管理外，公路货运和水路客货运输均实行市场调节价。由于市场进入门槛低、竞争激烈，前些年我国公路、水路货运价格明显偏低，甚至大大低于运输成本，使货车、船舶超载问题非常严重，一些车辆超载超限达100%以上，从而造成恶性交通事故频发。通过2004年在全国范围对超载超限车辆进行集中治理，公路货运价格基本恢复到正常水平，超载车辆也大大减少，而水运价格自2003年以来在国际航运价格大幅上涨的带动下，也明显回升。

2. 完全垄断运输市场

完全垄断运输市场又称为独占运输市场，指某一运输市场完全被一个或少数几个运输企业所垄断和控制。在这种市场上，垄断企业有完全自由的定价权，它们可以通过垄断价格获得高额利润。在现实中，完全垄断运输市场也并不存在。但我国的铁路运输，因由国家独立经营，对铁路运输货物实行指令性价格，故铁路运输市场具有垄断运输市场的性质。然而，我国对铁路运输货物实行的所谓"垄断价格"，其出发点并不是获得高额利润，而主要是根据运输成本、运输供求关系、国家经济政策等因素定价，故同一般定义上的以获取最大利润为目的的"垄断价格"有很大区别。但随着市场经济的发展，以及一些专用铁路的建设。根据实际情况，国家允许部分铁路运输价格在规定条件下随市场供求关系的变化适当浮动。此外，由于政企不分，铁路运输价格体系非常复杂，既有正式运营线运价，又有特定运营线运价，还有临时运营线运价，运营价格中还有各种基准价。总的来看，考虑到我国社会经济发展实际情况，目前铁路运输价格相对偏低。

3. 垄断竞争运输市场

垄断竞争运输市场指既有独占倾向又有竞争成分的运输市场。我国沿海、内河以及公路运输市场基本上属于这一类型。这种市场的主要特点是：同类运输产品在市场上有较多的生产者，市场竞争激烈；新加入运输市场比较容易；不同运输企业生产的运输产品在质量上（如快速性、货物完好程度）有较大差异，而某些运输企业由于存在优势而产生了一定的垄断性。在这种情况下，运输企业已不是一个消极的运输价格的接受者，而是具有一定程度决策权的决策者。

4. 寡头垄断运输市场

寡头垄断运输市场指某种运输产品的绝大部分由少数几家运输企业垄断的市场。在这种市场中，运输价格主要不是由市场供求关系决定，而是由几家大企业通过协议或某种默契规定的。海运中的班轮运输市场是较为典型的寡头垄断市场。

首先，班轮运输是在特定航线上，有一定停靠港口、定期开航的船舶运输。因此，一般经营班轮运输的船公司数量较少，但规模较大，因而进入或退出班轮运输市场均不是轻而易举的事。其次，在某一航线上若同时有几家班轮公司经营，就会产生激烈的竞争，其结果往往两败俱伤。随之，国际船东垄断组织——班轮公会（Liner Conference）便应运而生。班轮公会的重要任务之一，就是通过共同制定所控制航线的运价来避免无休止的激烈竞争。班轮公会的参加者就成了该市场的"寡头"。

目前，我国航空运输市场主要由国航、东航、南航、海航等几家国有航空企业经营，近年虽然也有几家民营航空企业加入航空运输市场竞争，但由于规模小，并不能改变几大航空公司垄断经营的局面，寡头垄断市场的价格形成是十分复杂的，因为寡头垄断企业既不是一个价格接受者，也不是一个价格决定者。在这种情况下，国内航空运输价格仍以政府指导价为主，国家发展改革委会同民航总局，依据航空运输的社会平均成本、市场供求状况、社会承受能力，确定国内航空客货运输基准价和浮动幅度。其中客运基准价格为每人千米0.75元，最高上浮25%，最大下浮45%。实际上，由于各航空公司争夺市场份额，最大下浮幅度经常大于45%。

（三）国家经济政策

国家对运输业实行的税收政策、信贷政策、投资政策等均会直接或间接地影响运输价格水平。长期以来，国家为扶植运输业，在以上诸方面均实行优惠政策。例如，目前国家对运输业所征营业税是第三产业中最低的，其税率仅为3%。从运输价格的理论构成看，包括运输成本、利润和营业税金三部分。如果营业税税率较低，在运输成本和利润不变的情况下，运输价格可随之降低。因此，目前国家对运输业实行的优惠税率政策有利于稳定运输价格并促进运输业的发展。

（四） 各运输方式之间的竞争

影响运输价格水平的竞争因素有：运输速度、货物的完好程度以及是否能实现"门到门"运输等。

以运输速度为例：若相同起讫地的货物运输可采用两种不同运输方式进行，此时运输速度较慢的那一种运输方式只能实行较低的运价。这是因为，就货主而言，它增加了流动资金的占用或因货物逾期、丧失市场机会而造成的市场销售损失。

五、运输价格的分类

运输价格可按不同运输对象、不同运输方式以及多种运输方式联合等划分为若干种类。

（一） 按不同服务对象划分

运输业的服务对象主要有两类——货物和旅客，因此可分为货物运输价格和旅客运输价格两大类。

1. 货物运输价格

货物运输价格可按其适用范围、管理方式、货物种类及其批量大小等进行不同的划分。

（1）按货物运输价格的适用范围划分

具体可分为国内货物运输价格和国际货物运输价格两类，各种不同运输方式对此又有不同的规定。以水路货物运输价格为例：国内货物运价又区分为交通部直属航运企业适用的货物运价和地方水运企业所适用的货物运价；国际货物运价按其适用范围主要有班轮公司运价和双边运价两种。班轮公司运价适用于所属班轮公司船舶的货运价格，我国远洋运输常用的几种运价有中国远洋运输集团第1号运价表、中国运输公司美国航线第17号运价表、中国对外贸易公司第3号运价表、华夏8号运价表、中波轮船股份公司第19号运价表等。双边运价为货方同船方协商制定的货运价格，如中国对外贸易运输公司第3号运价表是中国外运公司代表货主同船方商定的，凡经外运公司承办的我国进出口货物，除少数外国班轮公司运输的货物外，均可适用。

（2）按对货物运输价格的管理方式划分

具体可分为国家定价、国家指导价和市场调节价等几种。目前我国对国有铁路货物运输、水路和公路运输中的救灾等货物、航空运输中的公布货物运输等均实行国家定价；交通部直属航运企业的计划内货物实行国家指导价；其他均实行市场调节价。

（3）按运输货物种类及其批量大小划分

以货物不同种类划分，可分为普通货物运价、危险货物运价、冷藏货物运价、集装箱货物运价等。在普通货物运价中，一般又按其不同的运输条件和货物本身价值高低等因素划分若干等级。例如：我国沿海、长江等航区将货物划分为 10 个等级；铁路货物运价分类表中将货物分为 26 类 115 项，同时也规定了各种货物的整车运价号、零担运价号和集装箱运价号。

以货物批量大小划分，一般将其区分为整批货物运价和零担货物运价两种，并规定后者价格高于前者。例如：我国沿海、长江航区凡满 30t 以整批货物计价，一次托运未满 30t 的则以零担货物计价，后者价格高于前者 20%；铁路、公路货物的整批或零担的认定，以一次托运量是否能装满一整车（车辆或车厢）为标准，能装满一整车的为整批货，否则为零担货。

2. 旅客运输价格

旅客运输价格可按其适用范围、管理方式以及旅客在途中占用的舱（座）位的不同而进行不同的划分。其中对适用范围和管理方式的划分与货物运价基本相同，这里不再赘述。下面仅对旅客在途中占用的舱（座）位的不同划分方法做简要说明。

按交通运输部、国家发展和改革委员会 2009 年颁布的《汽车运价规则》，旅客运价依据车辆类别、等级、车型等计算。车辆类别的划分：①座席客车按舒适程序和等级划分为普通、中级、高一级、高二级、高三级五档；②卧铺客车按舒适程度和等级划分为普通、中级、高级三档。如须按客车大小分类及其他计价类别进行定价的，可参照《营运客车类型划分及等级评定》（MJT/T 325—2013），由省级人民政府价格、交通运输主管部门确定。

铁路、航空运输因旅客舱（座）位等级不同，其运输价格也均有较大差异。

（二）按不同运输方式划分

按不同运输方式，可划分为水路、铁路、公路、航空和管道运输价格等。也可按运输对象不同，区别为货物运输价格和旅客运输价格。下面仅介绍不同运输方式的货物运价。

1. 水路货物运输价格

具体又可划分为国际海上货物运价和国内水路货物运价两大类。

（1）国际海上货物运价

班轮运价（Liner Freight Rate）：指以班轮方式承运货物时规定的价格。它包括货物从装运港至目的港的海上运价及货物的装卸费率两部分。

航次租船运价（Voyage Charter Freight Rate）：指船舶所有人和承租人在航次租船合同中约定的运输价格。由于租船市场基本上属于自由竞争的市场，因此，航次租船市场基本上是由运输的供求关系决定的，波动性较大。此外，其运价水平的高低还受运输货物的种类、数量的多少、船舶航行的区域和距离长短以及租船合同的其他条款，如装卸时间的计算方法、装卸费的分担、运费支付的时间等因素的影响。

油船运价（Tanker Freight Rate）：指油船所有人和承租人在航次租船合同中约定的运输价格。与一般航次租船运价不同的是，它通常按照伦敦国际油船费率表协会和纽约油船经纪人及代理人协会共同颁布的《世界油船（基本）费率表》（*Worldwide Tanker Nominal Freight Scale*）所规定的运价为基础、双方商定一个增减比例记载于租船合同中、作为拟定 油船运价。

（2）国内水路货物运价

我国国内水路货物运价按不同航区分别制定。具体划分为沿海航区、长江、黑龙江、珠江水系以及各省（市）内河航区等。各航区以不同货种、不同运输距离各自制定相应范围的货物运价。

里程运价：又称航区运价，适用于同一航区各港口不同货种、不同运距货物的运价。

航线运价：适用于两港口之间的直达货物运价。

联运运价：适用于水陆联运、水水联运等货物运输的运价。

2. 铁路货物运输价格

我国铁路除少数线路外均实行全路统一货物运价，并按不同货种、不同运距分别制定。

（1）普通运价。这是运价的基本形式，它适用于整个铁路，是全国铁路统一执行的运价。

（2）特定运价。这是运价的一种辅助形式，以补充普通运价。根据运价政策，对按特殊运输条件办理，或在特定地区、线路运输的货物，规定特定运价，对提高服务水平或改善服务质量的列车（如全空调旅客列车、货物快运列车等）可实行与普通运价不同的特定运价。特定运价根据一定政策，比普通运价提高或降低一定数量，或改用较低或较高的运价号，有时也可单独制定特定运价率。

（3）浮动运价。对于因季节不同，运量差异较大的线路，可根据不同情况，实行不同季节的浮动运价。实行浮动运价，运价水平可以根据普通运价上下浮动一定的百分比。

（4）分线运价对于新建铁路线路、分线或电气化改造线路，可以实行新路新价。对于具有特殊意义的线路，如大秦线等，可以根据政策实行不同于统一运价的特殊运价。目前分线运价一般高于统一运价。

（5）地方铁路运价。有些铁路不属于中央铁路管理，具有较强的地方性，这些铁路一般实行与中央铁路不同的运价。

国外铁路运输企业所采用的运价形式与我国铁路有很多不同，比较突出的有以下几种：

（1）公开运价。这是铁路运输公司对外公开公布的运价，根据情况不同，公布的时间不同，如有的运输公司每周公布一次。公开运价定期调整，调整的依据是运输需求、通货膨胀等变化情况。

（2）合同运价。这是铁路与客户在公开运价的基础上，经过协商制定双方均能接受的价格，所以合同运价又叫协议运价。与公开运价不同，合同运价是秘密运价。铁路公司为争取客户、对签订长期合同的客户以优惠价格相待，以保持稳定客户，争取运输市场。在美国、加拿大等国铁路，实行公开运价的部分约占15%～20%，实行合同运价的部分约占80%～85%。

在公开运价和合同运价中，由于运输部门提供的运输服务、运输条件、运输时间等因素不同，运价还有多种具体表现形式。总的来说，运价在这些国家铁路表现形式很多，也十分灵活。

3. 公路货物运输价格

我国公路货物运价由各省（市）行政区分别制定。具体按不同货种、不同运输条件和不同运输距离分别制定。

（1）计程运价。按整车运输和零担运输分别计算，整车运输以吨千米、零担运输以公斤为单位计价。

（2）计时运价。以吨位小时为单位计价，适用于特大型汽车或挂车以及计时包车运输的货物。

（3）长途运价。适用于长途运输的货物，实行递远递减的运价结构。

（4）短途运价。适用于短途运输的货物，按递近递增的原则采取里程分段或基本运价加吨次费的办法计算。

（5）公铁联运运价。公路、铁路联合运输的运价。

4. 航空货物运输价格

我国航空货物运价先区分国际航线和国内航线，然后按不同航线并考虑货物种类和批量大小等因素分别制定。

5. 管道货物运输价格

我国管道货物运价按不同管道运输线输送不同货种分别制定。目前输送的货种为石油类（原油和成品油）、压缩气体（天然气和燃化气体）、水浆（矿砂和煤粉）等。

6. 货物联运运价

货物联运运价按货物联运起迄点不同，可分为国内货物联运和国际货物联运两大类。前者指起迄地点均在同一国境内的运输；后者为跨越国境的运输。据此，货物联运运价可相应划分为国内货物联运运价和国际货物联运运价两大类，分别适用相应的运价规章或协议。

六、运输产品定价策略

定价策略是指在制定价格和调整价格的过程中为了达到企业的经营目标而采取的定价艺术和方法。

随着我国经济体制和企业体制的不断改革，运输价格的逐步放开和企业一定范围内定价自主权的落实，运输企业能够根据内外两方面因素的变化采取灵活的价格策略。例如：铁路客运列车实行优质优价、季节浮动，团体票、预售票、往返票价格优惠，铁路局对管内列车可自主定价等；铁路货运对空车方向顺路装车、大批量运输、与其他运输方式竞争以及其他特殊情况的货源实行运价下浮及杂费灵活浮动等，并对除基础运价、合理杂费、国家规定的建设基金以外的价外收费进行清理整顿，采取对集装箱"五定班列"运输实行"一口价"、取消到达收费等措施，对稳定和提高铁路的运输市场占有率起了较好的作用。

（一）运输新产品的定价策略

运输新产品是指运输企业提供新的运输服务项目或采用新的运输组织服务方式，如开辟新的运输线路，使用新的运输工具提供运输服务，采用新的分销渠道与支付方式等。新产品能否在市场上站住脚，并给企业带来预期收益，运价起着重要作用。

1. 撇脂定价策略

这是一种高价策略，就是在新的运输方式或项目开拓时期，运价定得很高，以便在较短的时间就获得最大利润。适用这种定价策略的新产品，一般在投入市场时竞争较小。企业利用消费者求新求奇的心理，以高价厚利迅速实现预期利润，同时使产品提高威望、抬高身价，为以后广泛占领市场打下基础。一旦竞争加剧，可采取降价策略，限制竞争者加入，稳定市场占有率。缺点是在新产品尚未在用户心目中建立声誉时，高价不利于打开市场，而如果市场销路旺盛则很容易引起竞争者加入，竞争者加入太多必然造成价格下降，使经营好景不长。

2. 渗透定价策略

这是一种低价策略，即在新产品投入市场时价格定得较低，使用户很容易接受，以利于快速打开市场。采用这种定价策略的产品，其特点是潜在市场很大，企业生产能力较大，同时竞争者容易加入。这种定价策略适用于以下几种情况：

①某种运输服务的需求弹性大，低价可以促进销售；

②营销费用、运输成本与运输量关系较大，即运输量越大，单位运输量和成本费用越低；

③潜在市场大，竞争者容易进入，采用渗透价格利润微薄，别的企业不愿参加竞争，有利于扩大市场占有率；

④运输不发达、购买力弱的地区，采用渗透价格有利于逐步培育市场。

3. 满意定价策略

这是一种中间的价格政策，容易使运输企业与货主或旅客双方面都满意，故而得名。这种定价策略既可避免高价策略因高价而带来的市场风险，又可使企业避免因价低而带来的产品进入市场初期收入低微、投资回收期长等经营困难。采用这种策略时，企业将行业或社会平均利润率作为确定企业目标利润的主要参考标准，比照市场价格定价，避免不必要的价格竞争，通过其他促销手段扩大销售，推广新产品。

4. 心理定价策略

这是运用心理学原理，根据不同类型的用户在购买运输服务时的不同消费心理来制定价格以诱导用户增加购买的定价策略。其主要策略有以下两种。

（1）分级定价策略

分级定价策略即在定价时把同种运输分为几个等级，不同等级采用不同的运输价格。这种定价策略能使用户产生货真价实、按质论价的感觉，因而较易为用户所接受。采用这种定价策略时，等级划分不能过多，级差也不能太大或太小，否则会使用户感到烦琐或显不出差距而起不到应有的效果。

（2）声誉定价策略

这是根据用户对某些运输企业的信任心理而使用的价格策略。有些运输企业在长期市场经营中在用户心中树立了声望，如服务态度好、运输质量高、送达速度快等，因此这些企业可以采用比其他企业稍高的价格。当然，这种价格策略要以高质量做保证，否则就会丧失企业的声望。

5. 折扣和让价策略

企业为了鼓励顾客大量购买、淡季购买、及早付清贷款等，还可酌情降低其基本价格。这种价格调整叫作价格折扣或折让。主要有以下几种：

（1）现金折扣。即企业对以现金付款或提前付款的用户给予一定比例的价格折扣优待，以促进确认成交，加快收款，防止坏账。

（2）数量折扣。即因用户托运货物数量大、购买客票数量多所给予的折扣优惠。数量折扣又分为累计数量折扣和一次数量折扣，前者规定在一定时期内购买量达到一定数量即给予折扣。这一策略鼓励用户大量或集中向企业购买。

（3）季节折扣。运输生产的季节性很强，在运输淡季时给予一定的价格折扣，有利于刺激消费者均衡需求，便于企业均衡运输组织作业。

（4）代理折扣。即运输企业给运输中间商（如货运代理商、票务代理）的价格折扣，以便发挥中间商的组货、组客功能，提高企业的市场占有率。

（5）回程和方向折扣。即在回程或运力供应富裕的运输线路与方向给予价格折扣，以减少运能浪费。

（6）复合折扣。即在竞争加剧环境下，同时采用多种折扣组合争取顾客购买，如给予货主或旅客在本企业办的饭店、旅馆中住宿的优待等。

6. 差别定价策略

差别定价是指企业根据不同顾客群、不同的时间和地点，对同一产品或劳务采用不同的销售价格。这种差别不反映生产和经营成本的变化，它有利于满足顾客不同需求和企业组织管理的要求。美国的航空公司将形式上一致的座位人为地加以区分，以满足不同层次旅客的需求。它们将不同的消费者群体细分为质量敏感型、价格敏感型和中间型乘客，考虑其分别希望享受什么样的服务，然后据以设计和提供相应的航空运输产品（即不同的空运服务、价格体系、购买限制等特征的组合），供消费者选择。在满足不同市场需求的情况下，实现公司利润最大化。从具体运作上说，则是航空公司利用收益管理系统，在大量数据信息收集整理的基础上，利用相关软件进行分析，最终决定超售、多级舱位、流量流向控制的具体限额，尽可能多地以全价销售客票，兼顾客票销售收入大小与客座率的高低，以实现航班收入最大化。比如，乘坐从克利夫兰飞往迈阿密航班的乘客，有 11 种票价可供挑选，精明的乘客从东方、联合和其他飞行这条航班的航空公司的激烈竞争中得到益处。这 11 种票价分别针对不同的细分市场：头等舱 218 美元；标准经济舱 168 美元；晚间二等舱 136 美元；周末短途旅行 134 美元；工作队义务工作者 130 美元；周中短途旅行 128 美元；小组短途观光旅游 118 美元；军事人员 112 美元；青少年机票 112 美元；周末机票 103 美元；租机 95 美元。

7. 价格调整策略

运价制定以后，主客观情况的各种变化会影响到已定运价，需要及时调整价格。调整运价分为主动调整和被动调整两种情况。

（1）主动调整

主动调整指企业因市场供求、成本变动需要调高或调低自己的运价。调低价格策略适用于运力供过于求，运输市场竞争激烈，或是本企业成本降低，有较强成本优势，企业欲利用该策略扩大市场占有率等情况。调高价格策略适用于运力供不应求、企业因非经营因素所导致的成本上涨等情况。

无论采用调低还是调高价格策略，企业在价格调整之前须对竞争者、顾客、企业自身情况进行认真分析，包括竞争产品的成本结构、竞争者过去的价格竞争行为和习惯、竞争者生产能力的利用情况、顾客对该产品的市场需求量大小、顾客对该产品价格敏感程度、企业各项产品与竞争者产品线之间的竞争关系、企业的经济实力和优势劣势等。在此基础上做好调价的计划，包括调价的时间、调价的幅度、是一次调整还是多次调整以及调价后整个市场营销策略的变动等。调价后要注意分析顾客和竞争者对调价的反应，以及企业市场占有率和收入利润的变化。

（2）被动调整

被动调整是指在竞争对手率先调价后，本企业据此做出的反应。企业同样须对竞争者、顾客及本企业情况进行分析研究进而做出决策。一般说来，企业对调高价格的反应较容易。竞争者具备某些差别优势，考虑到提价的不利因素，没有把握不会提价。若本公司也有相似优势，正好跟进；若本公司不具备类似优势，则不宜紧随，待大部分公司提价后，本公司再提较为稳妥。对于竞争者率先降价，企业一般反应较慎重，通常有三种处理方式：一是置之不理，这在竞争者降价幅度较小时采用；二是价格不变，但增加服务内容或加大销售折扣；三是跟随降价，一般在竞争者降价幅度较大时采用。当然，提高和降低价格对企业都是有风险的，实际操作较妥当的方法则是企业稳定价格策略。

七、运输价格管理

当今世界各国虽然采用不同类型的市场经济体制，但在商品或劳务交换过程中对价格并不都是自由放任的。国家对价格的管理已普遍成为各国政府加强宏观调控的重要手段，对运输价格尤其是这样。

运输业是连接商品生产和消费的桥梁和纽带。若作为运输产品交换媒介的运输价格因市场秩序混乱、管理不规范而被扭曲并发出一种失真的信号，会导致严重的后果。若货物运价信号失真，则会直接影响商品的正常交换，并导致运输企业经营决策的失误；若旅客票价信号失真，则会严重扰乱人们正常的工作、生活秩序。即使是被称为"自由市场经济"的美国，长期以来并未放松对运输价格的管理，由此可见，运输价格管理十分重要。

所谓运输价格管理，是指根据运价本身运动的客观规律和外部环境，采用一定的管理原则和管理手段对运价的运动过程所进行的组织、指挥、监督、调节等各种职能活动的总和。具体包括规定运输价格的管理模式、管理原则、管理形式和实施管理的基本手段等。

（一）运输价格的管理模式

运输价格的管理模式是指在一定的社会形态下，国家对运输价格的形成及运行机制等的调节方式。运输价格管理模式的类型取决于社会经济性质和整个社会的经济模式。也就是说，社会经济及其运行模式不同，形成了不同的价格模式，而运输价格管理模式则从属于社会的价格模式。

在社会主义市场经济体制下，社会经济的运行模式应该是"国家调控市场，市场形成价格，价格引导企业"，即国家主要运用间接手段，调节和控制市场。在此条件下形成市场价格，引导企业对商品实施生产、流通、消费和分配。而这种被称为"有控制的市场价格"模式，应是我国价格管理的目标模式，同时也是我国运输价格管理的目标模式。

运输价格管理采用有控制的市场价格模式，其积极作用的发挥是有一定前提或条件的。归纳起来，主要有以下几方面：其一，市场机制必须与计划机制有机结合；其二，要有一个健全的运输市场体系，市场主体、行为都要求规范化；其三，要有一个比较宽松的社会经济环境，特别是要有一个相对平衡的运输市场供求环境；其四，需要国家的各种法律手段、经济手段、行政手段等有效的调控和指导。当前，我国运输市场已打破国有企业经营运输的一统天下，各种经济成分能在一定范围内参与市场竞争。但由于运输业体制还未理顺，现代企业制度的实施还处于起步阶段，运输市场的发育不健全，运输市场发出的运价信号往往是失真的。而失真的价格信号会导致运输企业的经营困难甚至决策的失误，会严重影响国民经济的正常运行。因此，在现阶段乃至今后一段较长时间内，国家行业主管部门应更加重视对运输价格的管理。

（二）运输价格的管理原则

国家对运输业实行有控制的市场价格管理模式时，其管理原则是：统一领导、分级管理；直接管理与间接控制相结合；保护竞争、禁止垄断。

1. 统一领导、分级管理的原则

运输价格管理的"统一领导"，是指涉及全国性运输价格管理工作的价格方针、价格调控计划、定价原则、调价方案与步骤、价格管理法规等内容应由国务院价格主管部门统一制定、统一部署、全面安排，并借助一定的组织程序和组织机构，采用相应的管理手段，对运输价格管理过程进行组织、监督、调节和协调。

当前，在运输价格管理过程中遇到的突出问题是，因运输市场体系不健全而造成的主体行为的不规范。例如：市场交易中的地方保护主义盛行，主体竞争不公平；"地下"交易、"黑市"交易严重，主体竞争不公开；无证货运代理商比比皆是，利用非法"回扣"中间盘剥等极大地扰乱了运输市场的正常运行。故必须改革现行运输市场的运作机制，进行"公平、公开、公正"的市场交易。

经过交通部和上海市有关部门的精心筹备，我国水路运输首家国家级中介交易机构——上海航运交易所已于1996年11月18日正式成立。它的成立不仅能促进我国水路运输市场的有序发展，而且为市场配置资源、政府调控以及为企业经营决策提供可靠的信息，意义十分重大。

运输价格的"分级管理"，是指各级政府、运输主管部门按照各自的价格管理权限，对运输价格和收费标准实施的管理。

按我国1991年5月颁布实施的《中华人民共和国铁路法》，铁路运价分为两级管理：

国务院管理国家铁路的客货运价,铁路主管部门管理铁路运输杂费;省级价格主管部门管理地方铁路的运价和杂费。

目前对水路运输价格实行的是按运输企业隶属关系进行管理的方式。交通部直属水运企业的客货运价由交通部管理,各地方水运企业的客货运价由地方政府价格主管部门管理。有不少专家指出,现行按运输企业隶属关系对运价实施管理已不适应我国市场价格管理体制,必须进行重大改革。交通部作为国家水路运输主管部门,它所颁布的运价管理规章应规范水路运输全行业不同所有制的运输企业(包括个体运输者)的定价行为,以统一标准对运价实施监督、管理,实行"公平、公开、公正"的市场交易。在管理权限的划分上,交通部应侧重在沿海、长江等主要航区(或干线)的客货运价管理;各地方政府价格主管部门则主要对所在地区(或水系)的客货运价实施管理。

我国道路的现行运价政策是 2009 年由交通运输部、国家发展和改革委员会制定的《道路运输价格管理规定》,确定了目前道路运价实行政府统一领导、分级管理的价格管理体制。由国务院价格管理部门制定全国道路运价管理政策,交通部组织全国道路运价的实施和制定运价业务规章,各级地方价格及交通部门行使对价格的监督和管理条例,并倡导市场调节价格的形成,通过促进竞争制定市场的均衡价格。

根据 2004 年国家发展改革委发布的《民航国内航空运输价格改革方案》,确定我国民航根据行业基准价格自行浮动的运价机制。国内航空旅客运输,以现行航空运输企业在境内销售执行的国内各航线票价水平(不含燃油加价)作为基准价,允许航空运输企业在上浮幅度不超过基准价的 25%、下浮幅度不超过基准价的 45% 的范围内,自行制定具体票价种类、水平、适用条件,提前报民航总局、国家发展改革委备案,并向社会公布后执行。同时,考虑到部分航线运输市场的实际情况,《民航国内航空运输价格改革方案》还规定,对三类特殊航线实行更加灵活的价格政策,主要是:对省、自治区内,及直辖市与相邻省、自治区、直辖市之间,已经与其他运输方式形成竞争的短途航线,实行市场调节价,不再规定票价浮动幅度;对由航空运输企业独家经营的航线,及部分以旅游客源为主的航线,票价下浮幅度不限。

2. 直接管理与间接控制相结合的原则

对运输价格的直接管理,是指国家直接制定、调整和管理运价的一种行政管理方法。这也是我国 20 世纪 80 年代以前对运输价格管理使用的一种主要方法。其基本特点是运价由国家价格主管部门或业务主管部门直接制定并调整,并采用行政手段,强制企业执行。运输价格一经制定,具有相对稳定性。

在社会主义市场经济体制下，在一定范围内保留对价格的直接管理是有必要的。即使是实行自由市场经济体制的国家也不例外。就我国而言，铁路运输和航空运输基本上由国家垄断经营，目前对国家铁路的客货运价、航空运输的公布运价等实施国家直接管理。如果不这样，会导致垄断价格，使市场调节作用弱化，最终影响国民经济的正常发展。

对运输价格的间接控制，是指国家通过经济政策的制定与实施，并运用经济手段来影响市场定价环境，诱导企业定价行为的一种价格控制方法。它的基本点是国家不直接规定和调整运价，而主要采用经济政策和经济手段来诱导运输企业做出准确的价格决策。

按照前述的运输价格管理采用有控制的市场价格模式，就是要建立以市场形成价格为主体，国家宏观调整的运价形成机制。其实施途径应采用直接管理与间接控制相结合，并以间接控制为主的方式。目前，对于水路、公路运输，随着运输市场的开放，多种经济成分、多渠道的运输格局已经形成，除对少数必须列入国家指令性货物，如抢险救灾、军用物资等实行运价的直接管理外，其余货物运输价格均应采用间接控制的办法，即由企业根据市场供求的变化自主定价。而铁路、航空运输因垄断性强、市场发育程度不高，当前对其运价仍应以采用直接管理为主。但随着我国现代企业制度的建立，运输市场供求关系日趋缓和，应逐步缩小国家指令性货物运输范围，最终达到主要由企业根据市场供求情况自主定价。

为达到政府部门对运输市场交易进行监控的目的，并引导运输企业在运输市场交易中合理定价，国家应建立和完善运输价格信息网络。以水运为例，应将已经组建的航运交易所的有关交易信息联网，各交易所各自对运价信息进行采集并向网内反馈。这样，运输企业可利用计算机终端及时掌握自身需要的运价信息。与此同时，交通部运价信息监控中心应定期或不定期地向全国水运系统发布主要航线、主要货种的运价指数，分析运价变化走向，并开展对运输价格的咨询服务。这样，运输企业便可根据自身的条件，参与运输市场的正常交易。若在某些航线发生运价指数异常，大大背离以往正常交易下的指数，运价信息监控中心在进一步确认的前提下，应亮"红灯"以示警戒，必要时应采取果断措施，责令有关航运交易所暂停交易，以保护运输企业或货主的利益。

3. 保护竞争、禁止垄断的原则

价格竞争是商品经济发展的必然产物。在客货运输质量大体相同的条件下，通过不同运输方式之间、同一运输方式各企业之间的运价竞争，达到运输资源的合理配置和提高企业的经济效率。保护竞争，实质就是实行"公平、公开、公正"的市场交易。而地方保护主义、"地下"交易和"黑市"交易等就是不正当竞争行为。为了制止任何企业和企业集团利用某些优势搞价格垄断、牟取暴利，2007 年 8 月 30 日第十届全国人民代表大会常务委员会通过《中华人民共和国反垄断法》，2008 年 8 月 1 日起施行。

（三）运输价格的管理形式

国家采取何种价格管理形式，是价格管理的最基本内容，是由管理模式决定的。目前，我国采取三种运输价格形式，即国家定价、国家指导价和市场调节价，并限定其各自的适用范围。

1. 国家定价

国家定价是由县级以上各级政府价格部门、运输主管部门按照国家规定的权限制定并负责调整的运输价格。

目前，我国对国家铁路的客货运价实行国家定价。由于国家铁路由国家直接参与经营，具有较强的垄断性，因此其价格由国家直接制定并实施管理是很有必要的，否则会扰乱正常的运输秩序。但应该看到，按有控制的市场价格模式，国家定价不等同于过去计划经济体制下的"固定价格"（在制定时主要根据运输价值而很少考虑其他价格形成因素），而是在定价时，除了反映运输价值外，还应注意在市场经济条件下的客观经济规律的要求，诸如运输市场的供求关系、与其他运输方式之间的比价关系等。同时，还应根据运价指数的走向，定期与不定期地对运价进行调整。经国务院批准：1998 年 4 月起，允许部分铁路旅客票价向下浮动；2000 年 11 月起，允许部分铁路旅客票价以公布的《铁路旅客票价表》为基准上下浮动。2002 年，国家计委主持召开了铁路旅客列车实行政府指导价的听证会。在此基础上出台了《国家计委关于公布部分旅客列车票价实行政府指导价执行方案的通知》，成为铁路实行政府指导价的政策性文件。通过举办价格听证会决定价格的调整是中国近些年来在公用事业（基础产业）领域逐渐采用的办法。举办价格听证会意在听取社会各方意见，为调整价格提供参考和依据。根据有关政策，铁路部门可以根据情况，在一些特殊的时期（节假日、春节等）适当调整旅客票价。自此，铁路客运价格浮动在政策上有了依据，并开始在一些客流高峰时期（如春运）对票价进行浮动。

以 2004 年春节为例，部分铁路局始发的直通列车节前或节后实行票价上浮（学生票、伤残军人票除外），上浮的幅度为硬座 15%、其他席别 20%。部分旅客列车在农历除夕至正月初二期间票价下浮 10%。2005 年春运票价上浮幅度不变，仍维持硬座上浮 15%、其他席别上浮 20%，而上浮范围有一定变化，最突出的是以农民工为主体的临客硬座票价不上浮。近年来，铁路部门在运价制定方面比原来更加灵活。例如，新型空调列车车票按照列车档次、客流状况、旅客承受能力实行三档票价：一是不打折的，主要是特快列车及进京、进沪、进穗的快速列车；二是折扣价一档下浮 6.6% 的，主要是省会城市之间开行的快车；三是折扣价二档下浮 13.3% 的，主要是普通快车的空调列车。规定实行折扣价的列车在平时都打折，五一、十一、春运、暑运期间可取消折扣，但不再上浮。具体哪些列车票价打折，综合考虑列车档次、客流大小、运输成本等具体情况，由铁路局提出申请，铁道部审核确定。此外，平时还对空闲卧铺进行打折，这是主要针对白天空闲或短途未售出的卧铺进行的一种优惠。

2007 年 2 月 10 日铁道部指出，2007 年铁路春运各类旅客列车票价一律不上浮，以后春运也将不再实行票价上浮制度。

2. 国家指导价

国家指导价是县级以上各级政府物价部门、运输主管部门通过规定基准价、浮动幅度或最高、最低保护价等形式制定的运输价格。

目前，我国对于水路、公路中的旅客运输以及属于国家指令性计划内的货物运输均实行国家指导价。由于我国水路、公路运输市场已基本确立，市场竞争机制也已基本形成，从理论上看可不失时机地全部实行市场调节价。但目前对于旅客票价以及属于关系到国计民生的重要物资、抢险救灾物资等列入国家指令性计划运输的价格仍不宜仓促放开，否则会造成社会不安定或给人民生活带来较严重的影响。即使如此，国家还是应兼顾运输企业的经济利益，由企业根据市场供求情况在规定的浮动幅度范围内自主定价。如交通部 2004 年颁布的《中华人民共和国交通部直属水运企业货物运价规则》规定承运国家下达的计划运输的货物，可在基准价基础上，上下 20% 的幅度内由企业自主确定价格。

3. 市场调节价

市场调节价是运输企业根据国家有关政策和规定，主要通过市场供求情况自行确定的运输价格。除国家定价和国家指导价外，运输企业均采用市场调节价。目前我国公路货运和水路运输已经完全放开，实行市场调节价。

按照我国运输价格的管理模式，最终应实现以市场调节价为主、国家定价和国家指导价为辅的价格管理形式。这样，才有利于价值规律在市场体系中真正发挥调节运输供求，合理配置运输资源、提高运输企业生产效率等作用。只要国家所采用的调控手段运用得当，市场调节价必然会推进运输业乃至整个国民经济的健康发展。

（四）运输价格管理的基本手段

根据有控制的市场价格模式及其相应的直接管理与间接控制相结合的管理原则，运输价格管理手段应是法律手段、经济手段和行政手段三者的结合体。

1. 以法律手段管理运输价格

价格管理的法律手段，是指国家通过制定价格法律、法规对价格进行规范化的管理。就运输价格而言，就是指规范其管理形式和管理权限、调价的基本原则、保护措施、禁止运输价格垄断和暴利行为的措施和制裁办法等。

我国尚未颁布调整运输业的统一价格管理法规，而仅制定了若干单项运价规则。如《中华人民共和国铁道部铁路货物运价规则》《中华人民共和国交通部直属水运企业货物运价规则》《汽车运价规则》等。这些规则分别适用于铁路、水路和公路运输，各自为政，自成系统，相互之间不协调。另外，这些规则从其内容上看也仅包括运价的管理形式、管理权限及制定方法，而无禁止价格垄断、反暴利的措施和制裁办法等规范运输市场秩序的条款，故有待于进一步完善。

2. 以经济手段管理运输价格

市场调节实质上是利益机制的自动调节。它是通过价格信号使社会资源流向需要的、效益高的部门，从而达到资源的优化配置。但它同时又有自发性和调节的滞后性，这样有可能导致资源的浪费。当一个部门产品供不应求，引起价格上升，从而利润率较高时，社会资源就会自动流向该部门，并由此得到有效的利用。但这种流动只有在超过供求均衡点以致造成供给大于需求、价格下跌、利润率降低时才会停止。结果，这个部门因生产能力过剩而造成社会资源的浪费。

以经济手段管理运输价格，是指国家利用财政、税收、货币、信贷、投资等经济手段来影响和控制运价水平，即变原来的事后价格对资源的调节为事先调整运价的形成机制，从而达到社会资源的合理配置和运输能力的最有效使用。

运输业是一个初期投资大、投资回收期长、对国民经济发展具有举足轻重作用的基础产业。除了运输企业本身应适应运输需求的变化，准确选定、实施经营决策并改善经营管理外，国家应对运输业进行必要的扶植。世界各国大都对运输业推行经济扶植政策。根据《关于将铁路运输和邮政业纳入营业税改征增值税试点的通知》（财税〔2013〕106 号）附件 4 规定：境内的单位和个人提供的国际运输服务，适用增值税零税率，以水路运输方式提供国际运输服务的，应当取得"国际船舶运输经营许可证"；以公路运输方式提供国际运输服务的，应当取得"道路运输经营许可证"和"国际汽车运输行车许可证"，且"道路运输经营许可证"的经营范围应当包括"国际运输"；以航空运输方式提供国际运输服务的应当取得"公共航空运输企业经营许可证"且其经营范围应当包括"国际航空客货邮运输业务"，或者持有"通用航空经营许可证"且其经营范围应当包括"公务飞行"。航天运输服务参照国际运输服务，适用增值税零税率。根据《关于国际水路运输增值税零税率政策的补充通知》（财税〔2014〕50号）第一条规定，境内的单位和个人取得交通部门颁发的"国际班轮运输经营资格登记证"或加注国际客货运输的"水路运输许可证"，并以水路运输方式提供国际运输服务的，适用增值税零税率政策。这就体现了国家对运输业的优惠政策。

3. 以行政手段管理运输价格

行政手段是指国家运输主管机关或部门运用行政命令，下达统一的运价和实施带强制性的措施和监督等办法，管理和协调各种价格关系的一种手段。

我国长期以来主要通过行政手段来管理运输价格，这在计划经济体制下是完全必要的。在市场经济体制下，应更注重法律手段或经济手段管理价格，但也并非完全取消采用行政手段。例如：铁路运输由国家经营，采用行政手段管理其价格就比较有效；社会发生非常事件或生产故障而亟须运输某些物资就必须由有关部门运用行政命令的办法，责令有关运输企业按国家定价或国家指导价实施运输等。

但是，随着我国经济体制改革的进一步深化，以行政手段管理运价的范围应逐步缩小，否则会损害运输企业的经济利益而影响运输市场的正常交易。当前，各地正在筹建或已经设立的运输行业协会，采用法律手段、经济手段、行政手段为一体的价格管理模式，效果明显，值得推广。

第三节　公路运输市场与运行管理

一、运输市场的概念

运输市场（Transportation Market）有狭义和广义之分。狭义的运输市场是指为完成旅客和货物的空间位移而提供客位或吨位的场所，即运输需求方（旅客和货主）、运输供给方（运输业者）及运输代理者共同进行运输交易的机制。广义的运输市场则包括运输活动各方在交易中所产生的经济活动和经济关系的总和，即不仅包括运输营业场地、运输代理机构等各种提供客位和吨位的场所，也包括运输产品的生产者和消费者之间、运输能力供给和运输需求之间、运输部门和其他部门之间的经济关系，还包括运输市场结构、运输市场机制、运输市场调节和管理以及企业在运输市场的经营等。

当然，运输市场是一个相当复杂的概念，运输经济分析应该避免比较笼统地谈论一般的所谓运输市场，例如"铁路运输市场""公路运输市场""某两地之间的运输市场""西南地区运输市场"或"城市运输市场"等，而是更加注意根据所提出的具体问题，区别各种基于特定运输对象（不同种类的货物或旅客）有特定运输目的和特定始发和到达地点的运输服务，并根据可搜集到的可靠数据资料进行分析。因此，目前有些运输经济学家主张"运输市场是一组其产出和价格均可计算的运输服务"这样的提法，也就是说，每一个具体运输市场上的产出应该是同质的，即其起讫地点和运输方向、所运货物或对象都是一致的，与其他运输市场上的需求及供给不应混为一谈。

二、运输市场结构

（一）上下一体化的运输经营者

铁路运输可能是被政府管制最严格的运输方式。如果不考虑管道运输的特殊情况，传统管理体制下的铁路是唯一实行上下一体化经营的运输方式：铁路公司既拥有线路等基础设施，又拥有移动的机车车辆，还负责提供直接的客货运输服务，这就使他们比任何其他运输方式在收取运价方面拥有更大的自主决断权力。正是由于这样的一种权力，使得铁路到现在可能还是受管制最多的运输方式，但是也很奇怪：在人们抱怨铁路垄断经营的同时，在这个行业的投资却得不到正常回报。这里显然有些误解，其实并不是所有拥有固定运输设施的经营者都具有攫取所有消费者剩余的能力的。

铁路对它的一部分使用者应该是具有市场支配力量的，即它有可能对这些使用者收取高于有效水平的价格，如果铁路运输成本的计算和分摊方法可以做到准确、可靠，那么铁路公司是否真的滥用了这种市场力量就可以明确地判断出来。因此，铁路成本分析无论对于铁路使用者还是对于铁路公司都成了至关重要的问题。但运输经济学家恰恰在这个问题上很不自信，原因就是铁路运输成本的计算难度太高，而且计算数据的获取十分困难。

铁路所运输的货物中有一大部分属于本身价格较低的产品，它们承受运价的能力也不强，对运价的变动比较敏感。例如，煤炭就是一种常由铁路运输的货物，由于该产品的市场竞争性很强，加之政府的价格管制，因此煤炭产品的供应商无法自己决定其市场价格而只能是价格的接受者。这样，如果铁路提高对煤炭的运输价格，供应商就可能无法用市场上的收入弥补运价的上涨。这与航空货运的对象多为较高价值货物，运价在货物本身价格中仅占很小比例，因而对运价上涨承受力较高不同，铁路的用户对运价的敏感性更大。一旦铁路运价的上调威胁到铁路用户的利益，他们就会转而求助于管制机构，要求对铁路运价进行限制。但由于铁路运价计算与分摊的复杂性，管制机构也无法判明铁路公司的运价是否真的不合理，而只能大致根据粗略的总体平均或其他类似方法估计，结果这样裁定出来的铁路运价往往既给铁路公司造成损害，也使更多铁路用户深受其苦。

在 20 世纪的最后 10 年，世界上很多国家的铁路开始实行把基础设施与客货运输服务分开进行管理的新模式。这种类型的管理模式在不同国家有不同的具体表现形式：有的把线路等基础设施仍留给国家负责建设和维护，客货运输则采取商业化经营的形式；有些国家又进一步把客货运营进行分割，形成了若干个能够开展一定内部竞争的运营公司；还有些国家甚至对铁路基础设施也采取了商业化经营的改革。因此，铁路行业的组织结构目前已经发生了很大变化，在很多国家至少它已经不再是那种传统意义上下一体化运输经营者的典型了。

（二）基本上不拥有固定设施的运输经营者

1. 行业的可竞争性

我们在上面假定同时拥有运输基础设施和载运工具的铁路公司具备对使用者的市场操纵力量，与此相对应的是，像市内计程出租车、整车公路货运、航空包机和海运不定期航线等只利用可移动载运工具从事客货运营的运输业经营者，显然不具有这种市场力量。我们已经知道，只有当使用者支付的运价与其所引起的运输成本相等时，该运价才是有效率的。而私人交通往往由于没有承担使用稀缺道路或路面资源的足够费用，因此经常出现交通无效率的情况。我们在这里讨论的这些运输企业或运输业者与私人交通很相似，即它们的成本结构中固定设施成本比重很小，而且没有充分利用网络经济的机会，它们与私人交通的区别主要在于它们是为别人而不是为自己提供服务的。

从行业的可竞争性来看，与同时拥有运输基础设施和载运工具的铁路公司相比，整车公路货运企业这种只利用可移动载运工具从事货物运输的运输业经营者，显然不具备前者对使用者的市场操纵力量。在不存在严格的市场进入管制，而且人们可以为货车找到比较规范的二手交易市场，只经营可移动载运工具的公路货运业者可以很方便地将这些载运工具转移到有市场需求的地方去，在一个地区或一条线路经营不好时，就可以较低的代价转移到另一个地区或另一条线路上去。类似这种沉没成本较低同时市场比较容易进入的行业，在经济学中被称为可竞争的行业。可竞争市场是指市场内可能只有一家或少数几家供给者，但这些厂商却很难利用垄断地位获取垄断利润，因为市场以外的"潜在"竞争者随时可能进入以分享这种利润。根据这种原理，原本市场结构要由规模经济与范围经济来决定的原则在可竞争的市场中已经不那么重要，而且在这里，市场价格就等于机会成本。因此，这些上下分离且只由移动载运工具经营者组成供给方的（整车）公路货运市场，应该属于可竞争的市场，运输业者不具有垄断力量，其市场价格就等于他们的运营机会成本。

2."过度竞争"问题

然而，尽管这一类运输市场不具有垄断性，但在过去不短的时期里它们也受到管制，原因是可能存在毁灭性竞争（又称过度竞争，Excessive Competition）。原来的理论是，这种市场中的运输厂商有可能在价格战中把运价压得过低，结果导致最后市场上还是只剩下一家垄断者。一些对此行业的研究将这种分散视为问题，认为当企业如此之小时很难获得规模经济和密度经济。在我国，这种观点实际上导致了一些鼓励纵向一体化的政策和措施的出台与实施。虽然上述说法目前已经不怎么被接受了，但我们还是可以针对这些观点来对这类运输市场中可能出现的期间性过低运价水平做出解释和分析。

在由移动载运工具经营者供给的运输市场上，运价决定于经营者的机会成本，不过运量在方向上可能是不平衡的，因此这也会影响到运价。如果出现运输需求在方向上的不平衡，那么在回程方向上就会有运输能力的过剩，任何希望揽到回程运量的经营者都可能接受较低的运价，只要该运价高于载运工具空返的成本加上少量增加的燃料费和保险费等，否则空返成本就要全部加在重载方向的成本上了。但如果运输需求在方向上比较平衡，那么两个方向的运价水平就会相差不多，分别与本方向的运输成本相对应。另外，经营载运工具的机会成本与运输总需求及其他一些因素显然也有很密切的关系。在经济衰退期间，由于运输总需求下降，所有车、船和飞机的运输能力可能都过剩了，因此使用这些载运工具的机会成本也下降，结果必然导致运价水平降低。这说明，载运工具市场上的供求是否平衡对我们正在分析的这类运输市场具有重要性。例如，当苏伊士运河由于战争原因关闭时，从中东沙特等产油国到欧美去的油轮需要绕行好望角，运输距离的延长使油轮的供应变得紧张，于是运价即使不考虑燃料和人工费用的增加都会由于油轮本身使用机会成本的提高而上升；而当苏伊士运河重新开放后，运价很快就回落了。又如，有关车辆限速规定的变化、航空事故引起某型号飞机停飞检查以及国际造船业过量生产等情况，都会通过有关载运工具供求关系的均衡点移动造成其使用机会成本和运价变化。

在移动载运工具经营者生存的运输市场上，运价确有可能是不稳定的。在运输能力过剩的时期，经营者虽然可以使运价的收入等于其经营的机会成本（可变成本），但却可能保证不了通过经营收入偿还其债务（固定成本）。例如，一位私营公路卡车的车主为偿还当时购车所欠下的债务，平均每天需要向银行支付200元，但由于遇到经济衰退目前使用该车辆的机会成本只有100元，结果这位车主就赔钱了，他如果不从过去的积蓄中拿出钱来还贷，就得破产，并把车子作为抵押物交还给银行。当然收回抵押物的银行也只能按照当前市价计算的折现值卖车，这就使银行可能要承担比拖车经营者更大的损失。因此，银行在这种情况下可能选择与负债人重新谈判还贷期限，而不是立即全部承担负债人的破产损失。载运工具的所有者是这类运输市场财务风险的主要承担人，而被雇来驾驶这些载运工具的人员虽然在经营不利时期也会有工资降低甚至失业的可能，但他们只是市场价格波动风险的间接承担者，他们没有更多的金钱损失。

而一旦市场情况好转，由于运价攀升带来的利润也首先应该归载运工具的所有人，而不是归驾驶人员。当然，由于使用载运工具的机会成本又再次上升了，所以这些刚刚赚到的钱很可能又被用于投资购买新的设备去了。

（三）拥有部分固定设施的运输经营者

1. 行业的范围经济

在讨论过完全上下合一的运输经营者与不拥有固定设施的运输经营者，和他们分别在运输市场上所可能具有的市场势力或所必须面对的竞争压力之后，很自然地，人们会关心处在这两个极端之间那些具有部分上下分离特征的运输经营者，像零担公路货运航空定期航班和海运集装箱定期航线等，它们的市场结构应该是怎样的。

对于完全上下分离的运输经营者，由于他们并不拥有固定基础设施，因此那些运输业者可以很方便地将他们的载运工具转移到任何有市场需求的地方去。但对于那些拥有一定但并不是全部固定基础设施的运输经营者，例如零担公路货运公司必须有自己的货站或运转中心以便集散、配载和中转货物，尽管并不需要拥有和经营公路网，它们的服务与经营地域固定性相对更大一些，因为它们在其固定设施上的投资是不能移动的，这种较大的沉没性把它们一定程度上"拴"在了某些地区。在候机登机和飞机固定维护设施等方面投资较多的航空公司，以及在集装箱专用码头及设施方面投资较多的海运公司也有类似的情况，尽管它们也不需要同时拥有机场的跑道和空中指挥系统或整个港口。这些运输经营者也因此必须面对典型与固定设施有关的财务或经营问题：投资的沉没性、能力增长的突变性、服务对象的普遍性以及为有效利用固定设施而制定价格等等。

固定运输设施能力扩张的突变性产生了一种需要，即这些设施最好由多种客流或货流同时利用，否则设施的利用效率在大多数时间都可能会很低，除非存在着某一种数量很大的客流或货流，大到足以支持在某一个运输通道上实现直接的点点直达运输。

这种由多种交通流共用固定设施所产生的经济性，与大型移动载运设备所具有的经济性相结合，就是运输业网络经济存在的基础。我们在讨论运输成本的时候已经了解到，能够把多个运输市场，即把多种客流或货流在其运营网络上较好地结合在一起的运输企业，往往可以比单纯提供点点直达服务的运输企业效率更高、成本更低。一般来说，只要其中转枢纽的处理能力足够，具有较大运营网络的运输企业就可以较高的频率为客户提供服务，也可以实现较高的运输设备实载率，而这常常是运输经营低成本高效益的必要条件。因此，这一类运输经营者可以较明显地利用运输业的规模经济和范围经济，例如通过扩大服务网络的幅员来提高自己的运输密度和设备利用率。

2. 航空公司的市场势力

对于那些部分上下分离的运输经营者而言，他们提供的一般都是定期服务，而定期服务是最典型的公共运输服务，因为它的服务对象具有普遍性，包括各种类别的使用者。由于不同类别的使用者所引起的机会成本不一样，因此在价格的制定上也有可能通过这些机会成本的差别去制定，或者采用互不补贴定价原理。例如，航空乘客之间的差别之一是在对航班时间的要求上：公务旅行人员往往对他们旅程的时间安排很严格，甚至很多是临时就有需要，因而宁愿付出较高票价以满足他们在时间上的要求；而假期旅游者相对比较闲散，对时间的要求也不那么严。从理论上说，如果所有的乘客都对起飞时间不是那么苛求，能够调整到大家都接受的时间上，那么航空公司就可以取消定期航班，所有的航班都可以改成包机飞行，并且做到100%的实载率。很显然，这种全部包机飞行的运营成本肯定会大大低于目前固定航班的运营方式，而且实际上我们前面所主张的具有最适当频率、最合适机型和较高客座率的轴辐式航线系统，对全部是包机飞行的运营根本没有意义，因为这时候我们所有的乘客根本都不需要中转，所有的飞行也都可以使用最大和最有效率的机型。运营成本较高的定期航班是为满足那些时间要求严格的乘客才设计出来的，而这些乘客主要是公务旅行人员，他们愿意支付较高的票价。在这种情况下，如果定期航班所有乘客的票价相同，旅游者就会认为价格过高因而放弃旅行或选择其他运输方式，而没有足够的客座率，定期航班也无法维持。让定期航班能够实现的办法就是对这两类乘客实行不同的票价，公务旅行者付高价使用公务舱，一般乘客则持低价票使用经济舱，于是互不补贴定价原理在这里就有效地实行了。这种定价方法使经济舱乘客在提高飞机客座率的同时，又不致让公务旅行者买不到所需航班的机票，因为定期航班毕竟首先是要为这些时间价值较高的乘客提供方便的。

3. 公路零担货运公司的市场势力

公路零担货运与大多数航空公司很相似，也提供定期服务，一般是地区性的业务保证第二天送到，长途货物则保证隔日或三天内送到。为了提供这种定期服务，零担运输公司显然每天都必须派出足够的车辆上路，而不论在任何一条线路上是否满载。显然，对于业务量较大的零担运输公司，车辆的实载率就会较高，运营成本就可能较低，它们甚至有能力把服务延伸到比较偏远的地区，以便为自己的经营网络收集到更多的货源；而对于较小规模的公司，它们在较低车辆实载率的地区维持经营就很困难。零担货运公司之间这种基于运营网络经济性的竞争，使得小型公司较难生存。例如，美国在20世纪80年代实施放松管制以后，由于小公司所受到的保护被取消，结果很快出现了以兼并为特征的企业重组。目前在西方国家地区性市场上一般只有数量不多的公司在经营，能够提供全国或跨国性服务的零担公司更是只有少数几家。但现在还不清楚的是，公路零担运输的网络经济规模到底能有多大，也就是说不清楚其是否具有自然垄断的性质。

零担运输的客户不像航空客运可以分为公务旅行者和旅游者，然而由于货主托运批量大小的差异，零担运输公司可以通过公布运价表与折扣谈判相结合的方式实行区别运价，主要是给托运量大的货主提供优惠。但零担运输公司很难把一辆卡车的全程成本都转移到其中某一件或少数几件货物的运费中去，因此互不补贴定价在这里的使用受到很大限制。可以认为，公路零担运输公司主导市场的能力是比较小的，原因是货主往往有比较多的选择可能性，有些货主可以把货物累积到足以雇用整车服务，更多的货主甚至选择购买自备车辆自我服务，此外运输市场上还有很多货运代理商或经纪人可以为货主提供帮助，所以托运人被运输公司彻底俘获的机遇不多。这样，尽管公路零担运输正处在不断集中化的过程中，但由于存在外部竞争，因此似乎并没有特别多要求由政府严加控制的社会压力。

第五章 基于低碳经济的公路运输经济发展

第一节 低碳经济的内涵及相关理论

一、低碳经济的内涵

（一）低碳经济的基本概念

碳有广义和狭义的定义，其中：狭义的碳指的是二氧化碳气体，特别是化石能源燃烧所产生的二氧化碳；而广义的碳包括在《京都议定书》上提出的六种温室气体。

低碳指较低或更低的温室气体排放，目的是实现碳强度降低和自然资源和环境容量有效配置和利用。低碳经济则是以低能耗、低污染为基础的经济，是人类社会应对气候变化和实现经济社会可持续发展的一种模式，兼顾了低碳和经济。低碳意味着减少或停止对碳基燃料的依赖，实现能源利用转型和经济转型；经济意味着在能源利用转型的基础上继续保持经济增长的稳定性和可持续性。低碳经济的经济涵盖了整个国民经济和社会发展的各个方面。

作为具有广泛社会性的前沿经济理念，低碳经济其实没有约定俗成的定义，其涉及广泛的产业领域和管理领域。在政府文件中，首次出现低碳经济概念是英国的《能源白皮书》，其要点是提高能效、采用可再生能源以及采用 CCS（碳捕获与封存技术）。该白皮书为低碳发展模式制定了较为详细的目标和路线图，但并没有为低碳经济提出明确的内涵和可供比较的指标体系。目前被广泛引用的是英国环境专家鲁宾斯德的阐述，即低碳经济是一种正在兴起的经济模式，其核心是在市场机制基础上，通过制度框架和政策措施的制定和创新，推动提高能效技术、节约能源技术、可再生能源技术和温室气体减排技术的开发和运用，促进整个社会经济朝向高能效、低能耗和低排放的模式转型。

（二） 对低碳经济不同角度的理解

对低碳经济概念的不同理解，可以从三个角度对其进行归类。

一是从全新的理念变革角度，认为低碳经济是以低能耗、低污染和低排放为基础的经济模式，是人类社会继农业文明、工业文明之后的又一次重大进步。低碳经济是对现代经济运行的深刻反思，是一场全球性的能源经济革命，涉及生产模式、生活方式、价值观念和国家权益。

鲍健强（2008）指出碳排放量成为衡量人类经济发展方式的新标识，碳减排的国际履约协议催生了低碳经济。低碳经济不仅仅是为了减少温室气体排放，而是经济、能源消费方式和人类生活方式的一次全方位的变革。这种经济发展模式需要进行能源结构和产业结构的调整，同时也需要技术的革新。中国环境与发展国际合作委员会对低碳经济进行了研究，并将其定义为"一个新的经济、技术和社会体系，能够在生产和消费中节省能源、减少温室气体排放，并保持经济和社会发展的势头"。

二是从全新的经济发展模式转换角度，认为在发展经济学的理论框架下，低碳经济是碳排放量的经济发展、生态环境代价和社会经济成本最低的经济，是低碳发展、低碳产业、低碳技术及低碳生活等一类经济形态的总称，同时是一种能够改善地球生态系统自我调节能力的可持续发展的新经济形态。

鲁宾斯德教授的解释是最为广泛认同的，他认为，低碳经济是通过制度框架和政策措施的制定，在市场机制的基础上，推动提高能效技术、节能减排技术、可再生能源技术的开发和运用，实现低污染、低消耗、低排放和高效能、高效率、高效益的绿色经济模式。其他学者也认为，低碳经济是一种绿色经济发展模式，以低能耗、低污染、低排放和高效能、高效率、高效益为基础，以低碳发展为发展方向，以节能减排为发展方式，以碳中和技术为发展方法。他们认为，低碳经济与可持续发展理念、资源节约型、环境友好型社会的要求是一致的，并且发展低碳经济是建设新型工业文明以及生态文明的最佳结合点。发展低碳经济需要从推进绿色产业、构建绿色能源结构、培育创新型经济的市场经济体制上着手。

三是从气候变化问题解决的角度来解释低碳经济的概念。低碳经济是指以温室气体排放量尽可能低的经济发展方式为基础，特别是要有效控制二氧化碳这一主要温室气体的排放量。推行低碳经济是避免气候变化造成灾难性影响、实现人类可持续发展的有效途径。

陈佳贵认为，保护气候已经刻不容缓，我们所面临的问题不存在是否应当，而在于谁和如何采取行动。实现低碳经济要求人类行为方式上的转变，以避免奢侈浪费的碳排放。张坤民认为，采用低碳经济的战略应对气候变化，如果能在中国付诸实施，许多环境与发展问题都可能迎刃而解。

（三） 低碳经济的实质

低碳经济代表了未来经济发展的形态，其实质在于实现能源高效利用、清洁能源开发、绿色 GDP，核心是能源技术和减排技术创新、产业结构和制度创新以及人类生存发展观念的根本性转变。低碳经济是经济、能源、生活方式的一次变革，旨在缓减气候变化，促进可持续发展。它几乎覆盖了所有产业领域，包括低碳产品、低碳技术、低碳能源的开发利用，并且在电力、交通、建筑、冶金、化工、石化等多个行业以及可再生能源、煤的清洁高效利用、油气资源和煤层气的勘探开发、二氧化碳捕获与埋存等领域开发出有效控制温室气体排放的新技术。低碳经济需要依靠技术创新和政策措施，实施一场能源革命，建立一种较少排放温室气体的经济发展模式，以满足减缓气候变化的目标，并推动新的技术标准的发展。

二、低碳经济与相关经济的联系

低碳经济与循环经济、绿色经济和生态经济均是 20 世纪后半期产生的新经济思想，都是随着世界工业经济的发展、人口的剧增、人类欲望的无限上升和生产生活方式的无节制，不断恶化的生态环境和气候变暖等人类社会面临的最大挑战应运而生的。这些概念的提出是对人类和自然关系的重新认识，是人类在社会经济高速发展中陷入资源危机、环境危机、生存危机深刻反省自身发展模式与改进的产物，因此四者之间存在着诸多共同之处和联系，当然各自有不同的特征区别。

（一） 相同点

低碳经济、循环经济、绿色经济和生态经济之间是有相同点的。

首先，这些经济形态具有相同的全新价值观和消费观，即强调人类与自然和谐相处，重视环保和可持续消费方式。这意味着我们需要重新审视人类与自然的关系，并摒弃过度浪费和奢侈消费，转而倡导绿色消费，以实现与自然生态相平衡的、节约型的低消耗物质资料、产品、劳务和注重保健、环保的消费模式，实现可持续发展。

其次，这些经济形态都以绿色科技和生态经济伦理为支撑点。绿色科技是在生态自然观指导下，受生态意识支配和生态伦理、生态价值约束的科学技术，为了促使人与自然协同演进、共同发展，建立在人与自然和谐共处的基础上，是有利于促进人与自然和谐与统一的科学技术。生态经济伦理则强调环境忧患意识的重要性，追求平衡、和谐的道德境界，是为适应当代人类发展的生态经济新时代需要而产生的一种新经济伦理。这些伦理和科技手段能够帮助我们实现可持续发展和环境友好。

最后，这些经济形态都具有共同的追求目标，即实现人类的可持续发展和环境友好，通过节约自然资源和提高利用效率来适应环境危机和能源危机的挑战。这意味着我们需要在考虑生产和消费时不能把自身置于这个大系统之外，而是将自己作为这个大系统的一部分来研究符合客观规律的经济原则，充分考虑自然生态系统的承载能力，尽可能地节约自然资源，进而不断提高自然资源的利用效率。这些经济形态之间的联系，为我们实现可持续发展和环境友好提供了重要的理论基础和实践支持。

（二）不同点

循环经济、绿色经济、生态经济和低碳经济都有不同点。

首先，循环经济侧重于整个社会的物质循环，通过减量化、再使用和再循环的原则来实现资源节约和环境保护。绿色经济强调经济与环境的和谐，将环保技术和清洁生产工艺等技术转化为生产力，实现绿色生产、绿色流通和绿色分配，推动经济的可持续增长。生态经济则注重经济系统与生态系统的有机结合，以太阳能或氢能为基础，要求产品生产、消费和废气的全过程密闭循环。低碳经济则主要关注减少碳能源消费和建立低碳经济结构，实现全社会减少温室气体排放，以应对全球气候变暖问题。这些经济形态都有着各自的侧重点和特点，但最终目标都是实现可持续发展和环境友好。

其次，实施控制的环节不同。从经济系统和自然系统相互作用的过程来看，生态经济和循环经济分别从资源的输入端和废弃物的输出端来研究经济活动与自然系统的相互作用，同时，循环经济还关注资源的利用，特别是不可再生资源的枯竭对经济发展的影响。绿色经济更多关注的是经济活动的输出端，即废弃物对环境的影响，重点在于环境保护。

低碳经济强调的是经济活动的能源输入端，通过减少碳排放量，从而使地球大气层中的温室气体浓度不再发生深刻的变化，保护人类生存的自然生态系统和气候条件。

最后，强调的核心内容不同。生态经济把实现经济和自然系统的可持续发展作为核心。循环经济把物质的循环作为核心，使各种物质循环利用起来，进而提高资源效率和环境效率。绿色经济强调以人为本，以发展经济、全面提高人民生活福利水平为核心，保障人与自然、人与环境的和谐共存，促使社会系统公平运行。低碳经济是把低能耗、低污染作为基础的经济，其核心是能源技术创新、制度创新和人类消费发展观念的根本性转变。

（三）联系

尽管低碳经济与生态经济、绿色经济及循环经济研究的侧重点、核心内容以及实现手段等均有异同，但是它们本质上是生态经济，是经济活动的生态化过程。绿色经济是可持续发展的经济，而循环经济则是支撑低碳经济、通向绿色经济、实现经济活动生态化的生产方式、发展方式。从根本上讲，这都是旨在解决人类可持续发展问题而提出的一脉相承的经济发展模式。因此，低碳经济是实现可持续发展的必由之路和主要途径，低碳发展是主线，低碳是个纲，抓住了低碳才能纲举目张，如果用成语"画龙点睛"来形容四者的关系，则绿色经济和生态经济是龙身，循环经济是龙腿，低碳经济是龙眼睛。

三、低碳经济的基本特征

低碳经济最基本的含义，即指的是减少温室气体排放，尤其是二氧化碳的排放量。为了维持生物圈的碳平衡、抑制气候变暖，需要减少人为碳通量，通过减排二氧化碳、增加碳汇等手段改善生态系统的自我调节能力。低碳经济的基本特点是"三低"，即低排放、低能耗、低污染。

（一）低能耗

低碳经济是相对于基于无约束的碳密集能源生产方式和能源消费方式的高碳经济而言的。低碳经济是目前最可行的、可量化的、可持续发展模式。温室气体长期减排和经济社会可持续发展，关键在于发展清洁、低碳能源技术，建立低碳经济增长模式和低碳社会消费模式，并将其作为协调经济发展和保护全球气候的根本途径。因此，发展低碳经济的关键在于降低单位能源消费量的碳排放量（即碳强度），通过碳捕捉、碳封存、碳蓄积，降低能源消费的碳强度，控制二氧化碳排放量的增长速度。

（二）低排放

低碳经济是相对于新能源而言的，是相对于基于化石能源的经济发展模式而言的。未来能源发展的方向是清洁、高效、多元和可持续。因此，发展低碳经济的关键在于促进经济增长与由能源消费引发的碳排放"脱钩"，实现经济与碳排放错位增长（低增长、零增长或者负增长），通过能源替代、发展低碳能源和无碳能源控制经济体的碳排放弹性，并最终实现经济增长的碳脱钩。

（三） 低污染

低碳经济是相对于人为碳通量而言的，是一种为解决人为碳通量增加引发的地球生物圈碳失衡而实施的人类自救行为。全球应对气候变化正在引发能源领域的技术创新。低碳能源是低碳经济的基本保证，清洁生产是低碳经济的关键环节。因此，发展低碳经济的关键在于改变人们的高碳消费倾向和碳偏好，减少化石能源的消费量，减少碳足迹，实现低碳生存。

四、低碳经济形成的理论依据

低碳经济理论体系的起源和基本理论，以及其在实现经济稳定增长的同时实现温室气体排放低增长或负增长的经济模式。该经济模式需要考虑社会经济系统、自然生态系统和科学技术系统构成的大系统以及系统的良性循环，以保持社会经济与自然生态的协调发展和提高人类生存环境的质量为目标。低碳经济是一个综合性理论，涉及经济学、生态学、经济系统控制论等多种学科。该经济模式的理论支撑和研究内容是其重要组成部分。

（一） 经济学理论

1. 市场机制理论

市场经济主要是通过市场价格的变化、市场主体对利益的追求以及市场供求的变化等机制来调节经济运行。市场机制由价格机制、供求机制、竞争机制和风险机制等构成。价格机制是指市场上商品价格变动和供求关系变动之间的有机联系，通过市场价格信息反映供求关系，并调节生产和流通，实现资源配置的效果。供求机制是指通过供需矛盾运动来影响各种生产要素组合的一种运行机制。通过不平衡状态时的市场价格和市场供需量来调节社会生产和需求，最终实现供求之间的平衡。竞争机制是指各个经济主体之间为了自身利益而展开竞争，形成的经济内部联系和影响。通过价格竞争或非价格竞争，按照优胜劣汰的法则来调节市场运行，形成企业的活力和发展动力，促进生产，提高消费者福利。风险机制是市场活动同企业盈利、亏损和破产之间相互联系和作用的机制，在产权清晰的条件下，对经济发展发挥至关重要的作用。

2. 外部性理论

外部性指的是一个经济主体的行为对其他经济主体造成的损害或带来利益，但该经济主体无须承担相应的成本或获得相应的补偿。如果一个经济主体对其他经济主体造成损害，但不承担相应的成本，这就是负外部性；相反，如果一个经济主体为其他经济主体带来利益，但未得到相应的补偿，这就是正外部性。外部性包括对生态环境等与社会福利相关的一切生物或非生物影响。外部性的存在导致社会资源不能得到最有效的配置，从而导致市场经济体制无法实现资源的最优化配置。外部性主要包括生产中的负外部性、生产中的正外部性、消费中的负外部性和消费中的正外部性。

科斯提出了外部性存在的三个原因：市场缺乏、人们关注短期利益、产权界定不清晰。外部不经济常常导致高排放、低效益的经济发展模式，使市场经济失灵。科斯定理认为，在交易费用为零且产权清晰界定的情况下，外部性不会导致资源浪费或配置不当。因此，科斯定理可用于解决环境问题。

3. 国际经济学理论

国际经济合作是指为了共同的利益，不同主权的国家政府、企业及国际经济组织通过竞争与协调，在双赢甚至是多赢的基础上，着重在生产领域，以生产要素移动和重新组合配置为主要内容而展开的活动。发展低碳经济是通过建立完善的碳排放权交易体系，加强在国际的流动，并通过国际的贸易，充分发挥比较优势，实现碳排放权在全球范围内的最优化配置，建立在国际相互依赖基础上的重要国际经济合作形式，最终推动低碳经济的发展。

4. 绿色经济理论

绿色经济的概念最早由英国经济学家皮尔斯在 1989 年发表的《绿色经济蓝皮书》中提出。它是一种以市场为导向、以传统产业经济为基础，以实现经济、环境和谐为目标的新型经济形态，是为了适应人类环保与健康需求而产生的一种发展状态。20 世纪 90 年代，Jacobs 和 Postel 等人提出了绿色经济学，提倡在传统经济学三种生产基本要素（劳动、土地和人力资本）之外再加入一个社会组织资本。绿色经济以可持续发展为目标，并遵循"开发需求、降低成本、增强动力、协调一致、宏观有控"五项准则。它不仅是具体的微观单位经济，还是国民经济甚至全球经济的体现。绿色经济的特点是维护人类生存环境、合理保护资源和环境、有利于人体健康，是一种平衡的经济模式。

5. 循环经济理论

循环经济的起源可以追溯到 20 世纪 60 年代，当时环境保护运动正在兴起。1962 年，生态学家蕾切尔·卡森发表了《寂静的春天》，其中讨论了生物界和人类面临的危险。循环经济一词最早由美国经济学家 K·波尔丁提出，主要指在人类、自然资源和科学技术的范围内，通过整个过程中资源的投入、企业的生产、产品的消费和废弃物的处理，将传统的依赖资源消耗的经济增长方式转变为依靠生态型资源循环发展的经济。循环经济理论中的"宇宙飞船经济"认为，地球就像在太空中飞行的宇宙飞船一样，需要不断消耗自身有限的资源才能生存。如果不合理地开发资源、破坏环境，就会走向毁灭。因此，宇宙飞船经济需要新的发展观：第一，必须改变过去那种"增长型"经济，改为"储备型"经济；第二，要改变传统的"消耗型"经济，而改为"休养生息"的经济；第三，要实行以福利为主的经济，而不是只关注生产量的经济；第四，要建立"循环式"经济，能循环使用各种物资，代替过去的"单程式"经济，从而既不会使资源枯竭，又不会造成环境污染和生态破坏。

传统经济是单向直线的过程，以大量生产、大量消费和大量废弃为特征，会对环境资源造成负面影响。而循环经济则以尽可能小的资源消耗和环境成本为目标，通过提高资源综合开发和回收利用率、资源利用效率、资源综合利用、废旧资源回收和循环利用以及提倡绿色消费等方面实现经济系统和自然生态系统的物质循环的和谐发展。循环经济的基本特征是低开采、高利用和低排放，要求把经济活动组成一个"资源—产品—再生资源"的反馈式流程，是一种生态经济，旨在按照清洁生产的方式，对能源及其废弃物实行综合利用的生产活动过程。

循环经济作为一种科学的发展观、一种全新的经济发展模式，具有自身的独立特征：

一是新的系统观。循环是指在一定系统内的运动过程，循环经济的系统是由人、自然资源和科学技术等要素构成的大系统。循环经济观要求人在考虑生产和消费时不再置身于这一大系统之外，而是将自己作为这个大系统的一部分来研究符合客观规律的经济原则，将"退田还湖""退耕还林""退牧还草"等生态系统建设作为维持大系统可持续发展的基础性工作来抓。

二是新的经济观。在传统工业经济的各要素中，资本在循环，劳动力在循环，而唯独自然资源没有形成循环。循环经济观要求运用生态学规律，而不是仅仅沿用 19 世纪以来机械工程学的规律来指导经济活动，不仅要考虑工程承载能力，还要考虑生态承载能力。在生态系统中，经济活动超过资源承载能力的循环是恶性循环，会造成生态系统退化，只有在资源承载能力之内的良性循环，才能使生态系统平衡地发展。

三是新的价值观。循环经济观在考虑自然生态系统时，不再像传统工业经济那样将其作为"取料场"和"垃圾场",也不仅仅视其为可利用的资源,而是将其作为人类赖以生存的基础,视其为需要维持良性循环的生态系统;在考虑科学技术时,不仅考虑其对自然的开发能力,而且要充分考虑到它对生态系统的修复能力,使之成为有益于环境的技术;在考虑人自身的发展时,不仅考虑人对自然的征服能力,而且更重视人与自然和谐相处的能力,促进人的全面发展。

四是新的生产观。传统工业经济的生产观念是最大限度地开发利用自然资源,最大限度地创造社会财富,最大限度地获取利润。而循环经济的生产观念是要充分考虑自然生态系统的承载能力,尽可能地节约自然资源,不断提高自然资源的利用效率,循环使用资源,创造良性的社会财富。在生产过程中,循环经济观要求遵循"3R"原则:资源利用的减量化原则,即在生产的投入端尽可能少地输入自然资源;产品的再使用原则,即尽可能延长产品的使用周期,并在多种场合使用:废弃物的再循环原则,即最大限度地减少废弃物排放,力争做到排放的无害化,实现资源再循环。同时,在生产中还要求尽可能利用可循环再生的资源替代不可再生资源,如利用太阳能、风能和农家肥等,使生产合理地依托在自然生态循环之上,尽可能利用高科技,尽可能以知识投入来替代物质投入,以达到经济、社会与生态的和谐统一,使人类在良好的环境中生产生活,真正全面提高人民生活质量。

五是新的消费观。循环经济观要求走出传统工业经济"拼命生产、拼命消费"的误区,提倡物质的适度消费、层次消费,在消费的同时就考虑到废弃物的资源化,建立循环生产和消费的观念。同时,循环经济观要求通过税收和行政等手段,限制以不可再生资源为原料的一次性产品的生产与消费,如宾馆的一次性用品、餐馆的一次性餐具和豪华包装等。

(二) 生态学理论

1. 生态学概述

生态学是研究生物与环境相互关系的知识体系,是协调和统筹人和自然的关系、引领人类可持续发展的主要理论基础。生物的生存、活动和繁殖需要一定的空间、物质与能量,各种生物所需要的物质、能量以及它们所适应的理化条件是不同的,这种特性称为物种的生态特性。任何生物的生存都不是孤立的,同种个体之间有互助也有竞争,植物、动物和微生物之间也存在复杂的相生相克关系。人类为满足自身的需要,不断改造环境,环境又反过来影响人类。随着人类活动范围的扩大和多样化,人类与环境的关系问题越来越突出。生态学研究的范围已经扩展为包括人类社会在内的多种类型的生态系统的复合系统。

生态学的研究目的在于认识和正确运用自然规律。生态学的一般规律包括以下四个方面。（1）种群。在环境无明显变化的条件下种群数量有保持稳定的趋势。一个种群所栖息环境的空间和资源是有限的，只能承载一定数量的生物，承载量接近饱和时，如果种群数量再增加，增长率则会下降乃至出现负值，使种群数量减少；而当种群数量减少到一定限度时，增长率会再度上升，最终使种群数量达到该环境允许的稳定水平。（2）群落。物种间相互依存和相互制约的规律反映了生物间的协调关系，是构成生物群落的基础。具体表现为食物链、竞争和互利共生。（3）生态系统。在生态系统中，植物、动物、微生物和非生物成分，借助能量的不停流动，一方面不断从自然界摄取物质并合成新的物质，另一方面又随时分解为简单的物质，即所谓"再生"，这些简单的物质重新被植物所吸收，由此形成不断的物质循环。这样，要求严格防止有毒物质进入生态系统，以免它们经过多次循环后富集到危及人类的程度。（4）人与环境的关系。人们在改造自然的过程中必须注意到物质代谢的规律。一方面，在生产中只能因势利导，合理开发生物资源，不可只顾一时。另一方面，还应该控制环境污染，由于大量有毒的工业废弃物进入环境，超出了生态系统和生物圈的降解和自净能力，因而造成毒物积累，损害了人类和其他生物的生存环境。

2. 生态经济理论

生态经济是实现经济腾飞与环境保护、物质文明与精神文明、自然生态与人类生态的高度统一和可持续发展的经济，即在生态系统承载能力范围内，运用生态经济学原理和系统工程方法改变生产和消费方式，挖掘一切可以利用的资源潜力，发展一些经济发达、生态高效的产业，建设体制合理、社会和谐的文化以及生态健康、景观适宜的环境。

生态经济是"社会—经济—自然"复合生态系统，即不仅包括物质代谢关系、能量转换关系及信息反馈关系，还包括结构、功能和过程的关系，具有生产、生活、供给、接纳、控制和缓冲功能。

生态经济理论包括以下几个方面的内容。一是生态经济区划、规划与优化模型，就是应用生态与经济协同发展的观点来指导社会经济建设，首先要进行生态经济区划和规划，以便根据不同地区的自然经济特点发挥其生态经济总体功能，获取生态经济的最佳效益。二是生态经济基本理论，具体包括社会经济发展同自然资源和生态环境的关系，人类的生存、发展条件与生态需求、生态价值理论、生态经济效益、生态经济协同发展等。三是生态经济管理，需要改革不利于生态与经济协同发展的管理体制与政策，加强生态经济立法与执法，建立生态经济的教育、科研和行政管理体系；需要制定国家的生态经济标准和评价生态经济效益的指标体系，对重大经济建设项目，需要做出生态环境经济评价。四是生态经济史，生态经济问题一方面有历史普遍性，同时随着社会生产力的发展，又有历史的阶段性。因此，进行生态经济史研究，可以探明其发展的规律性，指导现实生态经济建设。

3. 可持续发展理论

《我们共同的未来》中将"可持续发展"定义为"既满足当代人的需求，又不对后代人满足其自身需求的能力构成危害的发展"。1989 年"联合国环境发展会议（UNEP）"专门为"可持续发展"的定义和战略通过了《关于可持续发展的声明》，可持续发展的战略和定义主要包括四个方面的内容：要有一种支援性的国际经济环境；维护、合理使用并提高自然资源基础；走向国家和国际平等；在发展计划和政策中纳入对环境的关注和考虑。

可持续发展内涵包括以下内容：一是发展的可持续性，人类的经济和社会的发展不能超越资源和环境的承载能力；二是人与人关系的公平性，当代人在发展与消费时应努力做到使后代人有同样的发展机会，同一代人中一部分人的发展不应当损害另一部分人的利益；三是人与自然的协调共生，人类必须建立新的道德观念和价值标准，学会尊重自然、师法自然、保护自然，与之和谐相处；四是突出发展的主题，发展与经济增长有根本区别，发展具有集社会、科技、文化、环境等多项因素于一体的完整性，是人类共同的和普遍的权利，发达国家和发展中国家都享有平等的不容剥夺的发展权利。科学发展观把社会的全面协调发展和可持续发展结合起来，以经济社会全面协调可持续发展为基本要求，指出：

促进人与自然的和谐，实现经济发展和人口、资源、环境相协调，坚持走生产发展、生活富裕、生态良好的文明发展道路，保证一代接一代地永续发展。从忽略环境保护受到自然界惩罚，到最终选择可持续发展，是人类文明进步的一次历史性重大转折。总而言之，可持续发展是建立在社会、经济、人口、资源、环境相互协调和共同发展的基础上的一种发展，其宗旨是既能相对满足当代人的需求，又不能对后代人的发展构成危害。

可持续发展是一种新的生存方式，这种生存方式不但要求体现在以资源利用和环境保护为主的环境生活领域，更要求体现到作为发展源头的经济生活和社会生活中去。它包括经济、生态以及社会可持续发展三个方面的具体内容。可持续发展的重要性就是考虑"代际公平"和"代内公平"，可持续发展要求人类在发展中讲究经济效率、关注生态和谐、追求社会公平，最终达到人的全面发展。

低碳经济是指在可持续发展理念指导下，通过实体经济的发展模式转型、技术创新、组织创新、产业转型、新能源开发等多种手段，尽可能地减少煤炭石油等高碳能源消耗，减少对化石燃料的依赖，减少温室气体排放，达到经济社会发展与生态环境保护双赢的一种经济发展形态。

4. 生态足迹理论

生态足迹是指具有生物生产力的地域空间，能够持续地提供资源或消纳废物，维持一个人、地区、国家或全球的生存所需或能容纳人类排放废物的地域面积。为了估算承载一定生活质量的人口所需的可再生资源或可消纳废物的生态系统面积，需要计算生态足迹。生态足迹也被称为适当的承载力。

生态足迹是评估人类对自然系统影响的指标，它可以量化某一地区或国家可持续发展的状态，并为未来的社会经济发展提供科学建议。生态足迹是通过将人类消耗的资源转换成具有生产力的地域面积来评估人类对生态系统的影响，同时反映了不同区域对于全球生态环境现状的贡献程度。生态足迹的提出为核算自然资本利用状况提供了简明的方法，通过测量人类对自然生态服务的需求与自然所能提供的生态服务之间的差距，可以比较人类对自然的消费量与自然资本的承载量，为可持续发展提供区域可比性的衡量标准。

生态足迹的计算是基于两个简单的事实：首先，可以保留大部分消费的资源以及大部分产生的废弃物；其次，这些资源以及废弃物大部分都可以转换成可提供这些功能的生物生产性土地。生态足迹的计算方式明确地指出某个国家或地区使用了多少自然资源。然而，这些足迹并不是一片连续的土地，人们使用的土地与水域面积分散在全球各个角落，这些需要很多研究来决定其确定的位置。

（三）经济系统控制论

经济系统控制论是一门新兴学科，是系统论、控制论和信息论渗入到经济科学而产生的一门边缘学科。经济系统控制论以各种经济系统的控制问题作为自己的研究对象。它的应用主要是通过定性和定量相结合的方法来分析各种经济系统的功能，以及利用各种控制方法来实现资源最优化配置的经济问题，是低碳经济的理论指导。

经济系统控制论可以从经济系统论和经济控制论来分析。

1. 经济系统论

经济系统论主要包括经济惯性、经济加速度、经济内动力、经济系统层次、经济竞争协和与经济承载能力原理。

一是经济惯性原理。封闭的经济系统与外界几乎不发生任何关系，不能获得外力来推动经济的发展。任何经济实体，在它不与外界发生作用的封闭状态下，都会导致相对静止状态，甚至出现经济衰退。

二是经济加速度原理。封闭的系统是一种没有加速度的惯性系统，而开放系统则是有加速度的发展系统。从经济系统控制论来看，只有通过对外开放，让经济系统与外界环境建立联系，通过外资引进，吸纳先进的生产技术，促使其产生促进系统内部协同发展的外力，才能加快国民经济的发展速度。

三是经济内动力原理。如果要使一个没有任何加速度的惯性系统变为一个带有加速度的开放系统，那么必须改变经济系统中内在的结构。那些有势能差的非平衡系统就是动态发展的系统，而无势能差的平衡系统则是不发展的系统，完全服从势能最小化原理。一个具有内在发展机制的经济系统必须是一个有差异、非均匀和非平衡态的经济系统，它要求改革僵化的经济体制，扩大系统内的势能差，加强系统各组成部分之间的互补，从而使系统具有自组织作用和内在动力。

四是系统层次原理。任何系统都是有层次的，不同的层次有不同的运动规律。低碳经济系统也是有层次的，如宏观层次和微观层次，甚至更详细的划分。因此，仅在一个层次上不加区分地制定低碳经济决策是不符合实际情况的。

五是经济竞争协和原理。在微观经济系统中，企业的发展是在竞争规律和协和规律同时作用下进行的。在企业外部以竞争力为主；在企业内部则以协和力为主。竞争力使企业导向与外界相适应，而协和力则使企业的整体功能达到最优。在低碳经济系统中，从生态大系统分析，应用了生态学的原理，更加强调企业之间在科技工业园区中的协和，最终构成企业链的循环。

六是经济承载能力原理。一个经济系统的改革、开放和发展的程度，如果超过了其生态系统的承载能力，则系统的动态平衡将会被打破，从而使系统发生变化，以致崩溃。当然，与此同时，也应当考虑到改革、开放和发展对系统承载能力的提高，但是这种承载能力的提高在一定时间内是有限的，主要是因为人类对于地球生态系统、自然资源的认识是有限的。

2. 经济控制论

经济控制论把经济效果假设为信源，把价格看作传输信息的信道，而把收入作为信息的一种受体。这个就类似于通信系统中发报机、传输和收报机三者的关系。从统计规律角度来看，它要求价格以及收入的信息必须足够多，变化必须足够灵敏及迅速，这样人们才能从中得到有关经济效果的真实信息。经济控制论通过对信息传输的速率和效率的定量分析来研究不同经济体制的控制能力。

在低碳经济系统下，控制论除了要求经济效果的信息以外，还要求社会效果、环境效果、资源效果和对生态系统影响的效果，从大系统来分析经济体制的控制能力。经济控制论包括耦合、反馈和最优化三个理论。

一是经济耦合理论。经济控制论把自给自足的经济系统看作孤立系统，而将分工协作的经济系统看作包含串联耦合和并联耦合的系统。串联耦合是指甲企业的产出就是乙企业的投入，而乙企业的产出就成为丙企业的投入，最后丙企业的产出又成为甲企业的投入。这样就形成一个串联回路。在低碳经济系统下，控制论要求不仅在企业产品的生产过程中形成这种串联回路，而且在废弃物处理方面也形成这样一个串联回路，两者相互耦合。并联耦合是指一个企业要输入多个企业的产品，又要把本企业的产品输往多个其他企业，这样就形成了一个并联回路。在低碳经济系统下，控制论要求废弃物在这些企业间交叉输配，形成多重耦合。一般来讲，产品输出串联企业越多，生产效率越低；而废弃物输出串联企业越多，资源利用效率越高。

二是经济反馈理论。根据经济反馈理论，发展低碳经济要考虑生态成本，改变企业单一追求经济效益的观念，使企业的外部效益内部化。生态成本高，价格就高，而且还有绿色产品市场准入制度，市场就容易萎缩，反而带来更高的成本，市场更难进入，最终使得那些高能耗、高污染的企业退出市场。

三是最优化理论。根据最优化理论，低碳经济增长模式是指在自然资源投入一定的情况下，使总产出最大化，二氧化碳以及废弃物的排放量最小化。在这一前提下，选择最优顺序实施决策，解决最优工作时间、最优设备更新期、最优人员调配、最优产业布局和最优能源结构等一系列问题。

第二节 低碳经济下公路运输经济发展分析及要求

一、低碳经济与公路运输经济的相关性

低碳经济是指在低能耗、低排放、低污染的条件下实现经济发展，提高资源利用效

率，减少二氧化碳等温室气体排放，保护环境和生态系统，同时促进经济增长和社会进步的一种经济发展模式。随着全球经济的发展和人们对环境问题的日益关注，低碳经济已成为全球经济发展的新趋势，各个领域的经济发展都必须遵循低碳经济的发展要求。

公路运输是现代社会经济发展中不可或缺的一环，对国民经济和社会生活的发展起着重要的推动作用。但是，公路运输也是能源消耗和排放污染比较严重的行业之一，其运营过程中的二氧化碳、氧化氮、氧化硫等排放物质不仅影响到空气质量，还加速全球气候变化，给人们的健康和生态环境带来巨大威胁。因此，低碳经济下公路运输的发展迫在眉睫。

低碳经济可以从多个角度分析：从能源角度上，人口数量的增长促使能源使用增多，自然资源与自然环境受到破坏；从生态角度上，人类不合理的生活行为造成环境污染、气候变暖，也加剧了自然生态的破坏。所以在人类经济活动中，更需要遵循生态规律，实现人类活动与自然生态的平衡与和谐，从而能够使得生态经济的价值得到提升。低碳经济作为一种特殊的生态经济，是人类经济活动向自然、生态、低碳、环保、可持续不断转变的过程，其中也涉及多个方面。公路运输经济以交通运输业的发展产生经济价值，在公路运输中，车辆通行、碳排放、清洁能源使用、公路运输结构，都是影响公路运输经济与低碳经济的要素。大规模的车辆通行增加车辆碳排放，而清洁能力未得到有效使用，造成排放污染程度的不断加重，公路运输中对运输结构的管理不到位，也一定程度上漠视了公路碳排放的危害。因此，更需要注意到公路运输经济与低碳经济的关系，公路运输经济需要合理利用与配置资源，实现资源集约化，提高管理水平，减少公路碳排放，实现低排放、低污染、低能耗发展。

二、低碳经济下的公路运输经济的发展价值

低碳经济主要指的是在进行经济发展时，有目标、有计划地对二氧化碳等温室气体排放总量进行管控，以实现经济增长和生态环境效益二者之间的高度统一。新时期，想带动我国公路运输经济走向健康稳定的可持续发展之路，则需要重视公路运输低碳经济的控制和管理工作。在公路运输行业发展过程中，加强低碳经济发展的必要性，主要表现在以下几个方面：

1. 公路运输经济在其发展过程中，是将消耗大量能源作为代价。公路运输的能源需求量日益增长，很容易导致社会资源短缺，对我国的能源安全带来极大威胁。因此，加强对公路运输低碳经济的发展，可以改变传统公路运输的固有模式，实现资源和能源的节约

目标，对于我国公路运输行业的节约型运输干线建设具有非常重要的促进作用。

2. 我国对经济和社会生态的协调、可持续发展高度关注和重视，再加上双碳目标的提出，要求在 2030 年碳排放量达到高峰，并相较于 2005 年，2030 年的二氧化碳排放总量要降低 60%~65%。基于生态发展目标，公路运输领域发展低碳经济已经成为必然趋势，可以推进碳达峰尽早到来，以带动我国公路运输领域早日实现节能和可持续发展，既是符合我国生态文明建设的发展需求，也是我国社会经济实现不断进步的必然需要。

3. 提高能源利用效率。我国人口增加的同时，对能源的消耗量也在增加，提高能源利用效率是解决当前能源问题的有效办法，公路运输行业每年消耗大量的能源，发展绿色低碳运输模式，有利于合理配置资源要素，提高能源利用效率。

4. 有效规范交通运输管理。随着人们生活水平的提高，交通出行需求的增加，交通运输规模显著扩大。其中，影响交通运输效率的因素比较多，发展绿色低碳运输模式，能有效规范交通运输管理工作，大幅度提升运输管理水平。例如，通过实行网络化监督管理，能实时掌握道路情况，及时、精准地为线路规划和通行管理提供依据，进一步完善路网体系，一定程度上避免路线重复、迂迂回等问题，减少设备、人员及能源的浪费，切实提高乘客出行满意度。

5. 推动社会健康发展。目前，随着私家车的大众化及市民出行需求多样化发展，由公路运输产生的尾气污染、噪声污染、城市拥堵等一系列问题亟待解决，全民发展绿色低碳运输模式可以有效改变这一现状，推动社会健康发展。

三、低碳经济下公路运输经济的现状及趋势

（一）低碳经济下公路运输经济的现状

公路运输业在近些年来得到繁荣发展，受到城市化进程、美丽乡村建设、城市形象建设等工作的推动，公路建设项目不断增多，公路运输经济也不断提升，与此同时，带来的是更高的车辆通行量、更大的公路碳排放与更高的能源损耗。可以说，公路运输经济的发展，一定程度上牺牲了自然生态环境，造成生态经济的损耗。这种经济发展模式并不是长久之计，需要做好自然生态与国家建设的平衡，实现低碳经济、生态经济。因此，在低碳经济视角下发展公路运输经济，是公路运输业发展的必由之举。但当前，公路运输经济中，对于低碳经济的融合与关注还不高，由此引发了多种问题，主要体现在以下几点。

1. 低碳经济观念缺乏

公路运输是交通运输业的主要组成部分，公路运输经济也是交通运输业的主要经济支

柱,在公路建设受到更多重视,公路基础设施不断完善,公路运输网络覆盖范围不断扩大的当下,公路运输业在经济需求上也不断提高。这就导致了在公路运输业的发展中,逐渐遗忘了对生态环境保护的理念,公路运输经济与生态经济逐渐处于失衡状态,公路运输业中碳排放逐渐增我,能源损耗逐渐增多,对于发展与推广低碳经济极为不利。从另一个角度上来说,低碳经济视角下,公路运输经济的低碳化还处于初级阶段,在多种措施与手段的应用上还缺少普遍性,节能减排的效果并不显著。这也体现出当前在公路运输经济中,低碳经济的观念还未受到重视,低碳经济的落实也缺少规范性、针对性,因此影响了公路运输业低碳经济的发展。

2. 公路运输碳排放技术滞后

碳排放技术是控制、减少碳排放,促进低碳经济与低碳运输实现的有效手段。公路运输中伴随大量的碳排放,还需要以碳排放技术的支持控制与减轻碳排放的影响。但当前我国在碳排放技术水平上还较为落后,面对庞大的公路运输业,现有的碳排放技术还难以提供有效的技术支持,难以满足公路运输业的发展需求。另外,我国在碳排放技术发展的专业人才上也较为匮乏,这也造成碳排放技术迟迟难以升级,为此,还需要从公路运输经济、低碳经济角度上,优化与完善碳排放技术,为公路运输经济与低碳经济提升提供有效保障。

3. 公路运输管理模式不健全

低碳经济下公路运输经济须重视公路运输与低碳环保的平衡性发展,这就需要公路运输管理模式能够发挥有效作用,在公路运输许可范围规定、公路运输结构、公路运输排放标准等角度展开完善的公路运输管理,减少公路运输的碳排放。但当前在公路运输管理模式上还存在较多不足,一方面,公路运输结构还较不完善。以公路运输经济为主的管理理念下对于公路运输结构的规范意识较低,如货物运输在公路运输结构中占比较大,缺少客运运输体系的支持,难以形成多种交通运输方式的协调。另一方面,公路运输许可范围规定宽泛、公路运输排放标准宽松也影响公路运输的低碳化模式。公路运输许可中相关规定未严格落实,排放标准未落实到公路运输管理中,这都是制约公路运输低碳化发展的重要因素,特别是在碳排放超标的运输设施中,未能够实现相应规定的惩处,更造成公路运输管理浮于表面,难以起到较好的管理效果,也影响低碳经济下公路运输经济的长效化发展。

4. 行业低碳经济观念匮乏

基于低碳经济发展背景下,低碳城市、低碳信息和低碳生活等各种创新型理念及政策层出不穷。现阶段在公路运输行业的发展过程中，企业经济发展仍然处于埋头苦干状态，发展水平还有很大的进步空间。行业内有关政策相对较少，即便是颁布了低碳经济发展政策，贯彻落实力度仍有不足，社会宣传效果较差，致使公路运输大多数从业人员低碳经济理念较为淡薄，思想意识形态未实现与时俱进，这对低碳经济背景下的公路运输行业发展带来了负面影响。

5. 公路运输缺乏长远发展目标

我国目前在公路运输的基层管理制度上已经相对较为完善，运输网络更加全面，已经基本覆盖我国领土。但也正是如此，公路运输线路较长，其所处地质地貌较为复杂，运输时时常会出现反复运输和多次运输问题，进而引发大量资源浪费，并产生了更多的二氧化碳等温室气体。结合实际，目前公路运输过程中所带来的能源消耗问题，是影响公路运输领域低碳经济发展的重要因素。基于低碳经济的指引之下，公路运输经济发展需要制定出更为清晰明确的长远发展目标，例如加强对地区公路的修缮，实现地区资源的调控和联动，运用物联网技术，以保障公路运输经济发展更为标准化和规范化。

6. 车辆保有量持续增长

相关研究调查表明，我国汽车碳排放在全国碳排放总量占比上达到了 7.5%。2020 年，我国的汽车保有量为 2.81 亿辆，据中国汽车技术研究中心数据统计，2016—2019 年我国的汽车保有量增长趋势明显，碳排放量也在逐年提高，从 7.5 亿 t/d 提高到了 7.8 亿 t/d。2020 年受全球公共卫生事件和经济发展形势的负面影响，汽车使用度下降，碳排放总量下滑达到了 7.2 亿 t/d，同比 2019 年下降 7.7%。为进一步减少公路运输过程中的二氧化碳排放总量，须基于我国有关政策的引导，进一步加强新能源研发。总体来看，新能源研发和新能源汽车的全面普及还有很大的进步空间。

（二）低碳经济下公路运输经济的发展趋势

1. 正确规划公路运输发展

公路运输经济发展属于我们国家社会经济发展的基础设施保障，有关的发展程度会影响到国民经济的进步，所以需要持续提升公路运输的合理规范程度，按照低碳经济发展需求，来设置合理的发展方案，这样可以有效地增强我们国家的整体交通运输能力。在设置公路运输方案的过程中，需要充分联系国民经济和当地的经济发展情况，而且需要掌握附近环境的承受能力以及运输规模。

2. 积极宣传公路低碳运输理念

要想确保低碳公路运输经济保持一个良好的发展状态，有关部门需要积极地宣传低碳运输理念，提升人们的认知程度，这样能够指导人们选择合理的运输形式。通过提升宣传力度，人们可以更好地掌握以及认知运输方式以及运输工具，这样不仅能够节约资源浪费，而且需要增强自然环境保护力度，在这个时期需要增强人们对于气候改变以及环境保护的认知，如此能够限制改善运输企业的运营形式。

3. 降低公路运输污染

通过调整城市公共交通结构，能够有效地降低公路运输污染情况。最开始需要设置完善正确的节能减排方案，在公路运输经济发展的时期需要增强环境保护力度，把低碳环保理念有效地进行落实。接着就是有关的部门需要主动根据公路运输行业的发展情况，把政府部门的宏观调控职能充分进行发挥，等到设置好节能减排目标之后，细化节能减排的方法。

最后就是持续促进城市公共交通结构的改善，现阶段我们国家的公路运输，货物运输量占据一半以上，整体结构不够合理。所以需要设置城市综合交通体系，改善公交客运的形式，把其转换成系统的客运体系，其中包括道路公交、轨道交通和其他的交通形式，最后就是充分落实公路优先策略，提升绿化构建程度。

四、低碳经济下公路运输经济的发展的管理要求

（一）提升资源使用效率

社会经济的进步由于能源的开发以及使用，人口持续增加，所以能源消耗也在持续增加，在这个时期，经济的发展比较重视低碳以及低能耗，而且持续提升能源资源使用效率。低碳经济背景中，公路运输经济的进步会消耗较多的动力能源，所以需要借助科学发展观来进行指导，选择多种方法来控制能源资源的采取量，在源头上控制好资源使用问题。比如，公路运输经济发展时期，需要降低对于原材料的使用，不过在达到消费目的以及生产目标的时候，就需要确保公路运输经济发展要开展资源集约型发展，在公路运输时期需要正确设计运输路线，而且需要正确调配物资资源，防止产生能源浪费问题。

（二）综合交通管理

交通运输行业的持续进步，给各个行业经济发展持续提供动力，不过在公路运输经济

发展的时候，存在比较多的外界影响因素，所以需要在进行综合化管理的时候，要持续提升经济发展的时效性。新时期中经济发展需要高度重视低碳理念，在开展公路运输经济实施综合化管理的时候，需要增强对于公路交通运输网络的监督以及管理，掌握公路运输的动态信息，实时监督控制道路通行状态，道路障碍和修路工程的情况，之后把得到的信息及时地传递给公路运输企业，确保能够按照实际情况来调整运输的路线，不仅需要保障货物运输，而且需要防止因为路线调整进而产生资源浪费的情况，这样不仅能够持续改善公路运输经济服务，而且需要持续提升公路运输效率。

（三）改善管理制度

公路运输经济发展时期需要实现低碳发展以及绿色发展，而且需要对于公路运输经济运营发展时期的有关问题，持续进行研究，而且需要设置合理的管理方法。在这个时期，需要确保公路运输经济保持良性的发展，而且需要持续改善公路运输管理体制方案的内容标准。最开始需要设置出公路运输经济发展的管理方法，有关部门需要出台相应的政策性文件来给公路运输经济发展提供调控和指挥。接着就是正确地设计公路运输经济发展战略规划，满足经济建设的需求，改善公路运输结构。最后就是正确地规范公路运输经济市场，使得社会主义市场经济发展能够保持一致性。

（四）加强对供应链的管理和优化

在低碳经济下，公路运输行业需要加强对供应链的管理和优化，以提高物流效率和质量，实现可持续发展的目标。具体来说，可以从以下几个方面入手。

1. 加强供应链信息化建设

通过信息化技术手段，可以实现供应链各环节信息的实时共享和管理，提高物流运营的效率和质量。具体来说，需要进行以下工作：

（1）建设供应链信息化平台。构建信息化平台，实现各环节数据的实时采集、处理和分析，提高信息共享和流通效率。

（2）推广电子商务模式。鼓励企业采用电子商务模式，通过网络实现订单的快速生成、支付和配送，提高供应链的效率和质量。

（3）推行物联网技术。采用物联网技术，实现物流设备和货物的追踪和监控，提高物流运营的透明度和安全性。

2. 实施供应链绿色化管理

在低碳经济下，实施供应链绿色化管理是公路运输行业转型的必经之路。具体来说，需要进行以下工作：

（1）推广绿色物流。采用清洁能源和节能设备，实现物流运营的绿色化，减少能源消耗和环境污染。

（2）推行绿色包装。推广使用环保包装材料，减少包装的浪费和对环境的污染。

（3）促进绿色供应。鼓励供应商采用环保材料和绿色生产方式，提高供应链的绿色化水平。

3. 推进供应链合作

在低碳经济下，加强供应链合作是公路运输行业实现可持续发展的关键。具体来说，需要进行以下工作：

（1）实现资源共享。与供应链伙伴合作，实现物流设备、信息资源等方面的共享，提高资源利用效率和减少物流成本。

（2）实现风险共担。与供应链伙伴建立风险管理机制，共同应对物流运营中可能出现的风险，降低风险损失。

（3）实现利益共享。通过供应链合作，实现利益共享和协同发展，提高供应链整体效率和质量。

（五）加强政府引导

政府的引导和支持是低碳经济下公路运输经济的发展所必需的。政府需要出台相应的政策措施，加强对公路运输行业的管理和引导，以推动公路运输行业的绿色化和可持续发展。具体来说，政府可以从以下几个方面入手：

（1）加强政策支持。政府需要出台有关公路运输的环保、能源等方面的政策，鼓励企业发展绿色物流、节能减排等绿色技术，推动公路运输行业的绿色化和可持续发展。

（2）加强监管和引导。政府需要加强对公路运输企业的监管，规范企业行为，引导企业走绿色、低碳、环保的道路。具体来说，可以通过以下方式实现：①加强对排放标准的监管，严格限制公路运输企业的尾气排放和噪声污染；②建立绿色评估机制，对公路运输企业的环境、能源等方面进行评估和监督；③鼓励企业参与低碳标准的制定和实施，推动行业的绿色化发展。

（3）加强宣传教育。政府需要加强对公众和企业的宣传教育，提高环保意识和责任感，营造绿色、低碳的社会氛围。具体来说，可以通过以下方式实现：①加强对公众的环保宣传教育，提高公众的环保意识和责任感；②对公路运输企业进行绿色宣传教育，推动企业走绿色、低碳、环保的道路。

（六） 加强供应链信息化建设

加强供应链信息化建设是公路运输行业实现低碳经济转型的关键之一。通过信息化技术手段，可以实现供应链各环节信息的实时共享和管理，提高物流运营的效率和质量。具体来说，需要进行以下工作。

1. 建设供应链信息化平台

构建信息化平台，实现各环节数据的实时采集、处理和分析，提高信息共享和流通效率。具体来说，需要进行以下工作：

（1）建立供应链信息共享平台。集成各个环节的信息系统，实现供应链信息的共享和流通，提高信息的及时性和准确性。

（2）采用云计算技术。采用云计算技术，降低信息化建设成本，提高系统的可扩展性和安全性。

（3）推广供应链管理软件。采用供应链管理软件，实现供应链各环节的协同管理和优化，提高供应链效率和质量。

2. 推广电子商务模式

鼓励企业采用电子商务模式，通过网络实现订单的快速生成、支付和配送，提高供应链的效率和质量。具体来说，需要进行以下工作：

（1）建立电子商务平台。建立电子商务平台，实现订单的快速生成和支付，提高供应链的响应速度和效率。

（2）推广电子发票。鼓励企业采用电子发票，降低发票处理成本，提高财务管理效率。

（3）推广移动支付。推广移动支付方式，降低支付成本，提高交易安全性和便捷性。

3. 推行物联网技术

采用物联网技术，实现物流设备和货物的追踪和监控，提高物流运营的透明度和安全性。具体来说，需要进行以下工作：

（1）安装物联网设备。安装物联网设备，实现货物的追踪和监控，提高货物的安全性和运输效率。

（2）推广智能物流。推广智能物流，实现智能配送和仓储管理，提高物流效率和质量。

（3）推广智能交通。推广智能交通系统，实现交通信息的实时监测和调度，降低交通拥堵和交通事故的发生率。

第三节　低碳经济下公路运输经济发展的策略

一、加大节能减碳宣传力度

国民经济发展中公路运输经济占据着重要的地位，公路运输事业发展中，应该贯彻落实低碳经济理念。由于大多数群众并不十分了解低碳经济理念，因此相关部门应该加大低碳经济宣传力度，便于广大群众更好地理解与认识，促进我国公路运输发展。同时，主管部门持续推进公路运输能源消耗问题的探索和研究，制定出有针对性的管理措施，对公路运输过程中的能源消耗进行全面控制，进一步降低二氧化碳的排放总量，从根源上遏制空气污染。与此同时，行业有关人员需要深入贯彻落实我国有关部门的政策文件及要求，在公路运输低碳经济宣传上，积极为广大群众普及节水、节电、节油、低碳出行等生活模式，并以授课解读等途径，优化全员节能责任意识，构建出更为健康环保、节能低碳的公路运输宣传体系，成为低碳经济发展的践行者。在低碳运输理念的宣传过程中，需要基于不同角度同步推进，例如，交通部门可以组织低碳运输和环境保护有关内容的宣传和教育，并在公路两侧设置广告栏电子屏，网络媒体可基于线上渠道进行低碳运输的传播，以不同途径为大众普及低碳环保和低碳运输的重要价值，为大众的出行进行正确引导，确保全民形成节能减排低碳运输的发展理念，以优化我国公路运输的低碳经济发展水平。

二、制订合理的公路运输发展规划

公路运输发展水平直接影响我国各地区经济发展，公路运输作为我国公共基础设施建设，应该建立完善的公路运输发展体系，由于每个地区的经济发展情况不同，在规划公路运输网规模时，应该将当地实际发展状况与当地自然环境承载力相结合，坚持落实可持续发展战略目标，实现经济与环境保护统一发展。与此同时，在公路运输设施建设中，要充分结合低碳公路运输理念，使网络运输网建设既满足社会经济发展的根本需求，又符合低碳经济理念，促进我国城市化发展。

公路运输经济管理部门需要在未来发展过程中具备长远眼光，明确公路运输转型升级的重点发展方向，并对发展过程中的主要矛盾进行重点解读，分清低碳经济和经济效益获取的主次，梳理好产业链上下游不同主体之间的串联关系，避免低碳经济发展的眉毛胡子一把抓，有效规避后续低碳经济发展的不均衡和不充分问题。除此之外，在进行低碳公路运输网络体系的建设过程中，还需要注意其发展规模等有关问题，实现公路运输不同工具优势的有机组合，构建出短长结合、相互配合、无缝衔接的交通运输网络体系，若有必要，也可以将公路运输规划实现和民用航空规划、铁路规划、公路规划的全面结合，将其作为城市化发展的主要影响因素，形成整体规划体系，最大限度地展现出公路运输网络的作用和价值，以确保公路运输发展的高质量。

三、低碳环保的货物运输包装

在运输车辆的货物包装上，应该尽量减少一次性塑料、泡沫板等包装材料的使用，实现物尽其用，降低货物包装的重复包装问题和冗余包装问题。我国有关部门需要积极研发并推广运用新型环保材料，尽量加强对车辆自有包装设备的使用，对合理使用年限内的老旧设备进行循环使用，实现资源使用的效益最大化。另外，也可以适当增加货物的运输总量，减少货物的运输次数，以减少污染的排放总量，实现环保交易的最大化，尽最大的可能降低环境污染问题。

四、实现运输全过程碳排放量的监测

现阶段，我国公路交通运输中，碳排放量主要源于各种车辆在路面行驶中燃料消耗所产生的二氧化碳，或者源自于道路交通建设或道路养护中熔化沥青导致燃料消耗所产生的二氧化碳。随着我国经济水平不断提高，人们的生活质量逐渐提升，导致我国车辆数量增长速度逐渐提升，现阶段，公路交流领域中汽车排放已然成为最大的二氧化碳排放量群体，并随着我国车辆数量的增长，二氧化碳排放量也会随之上升。因此，在低碳经济背景下，公路运输建设应该加强重视区域碳排放量的监管，利用互联网技术，建立全国车辆碳排放网络监管体系，进而完善公路交通运输管理体系，有效降低碳排放量，促进我国交通运输事业的稳定发展。

因此，构建科学、有效的低碳评估体系与检测，能为低碳公路运输提供指导。一是规范排放标准，对燃油型汽车进行干预，明确运行时间、油耗指数、碳排放数值，及时淘汰

高耗能、高排放车辆。二是发挥出监控系统的优势和作用，对道路上的通行车辆、碳排放量数据进行采集分析，总结规律、预测趋势，为道路管理、运输市场管理提供依据，推动低碳运输经济发展。三是制定低碳评估法规、制度及具体实施方案，有法可依，加强监督。

此外，在5G技术、物联网技术的支持之下，构建出全产业链的公路运输经济智慧监测管理系统，同时融合卫星定位技术和GIS地理信息系统，对货物运输道路进行科学合理的规划，并对运输车辆进行动态编码实现定位跟踪，将其运输的全过程进行数据信息的全面收集，将其融入到各地区的公路运输系统大数据中心中去，以方便有关工作人员进行决策制定，推动公路运输经济的转型和升级。公路运输行业的碳排放监测系统，主要是监测车辆运输过程中的燃油消耗总量，同时对各地加油站的燃油消耗量进行全方位数据信息收集，借助互联网平台，形成全国可查的燃油消耗记录数据库，以掌握各地的碳排放总量，为后续公路运输行业的经济发展政策调整和数据汇总提供有利的数据保障，以改善公路运输行业的发展水平，实现低碳经济发展目标。

五、与智慧公路的建设进行串联

智慧公路的建设也是公路运输低碳经济发展的主要途径之一，可以借助其信息化和智慧化系统，融入5G信息技术、物联网技术以及区块链技术，借助大数据传输对公路运输的人、车、路、货物和运输环境进行全方位管理，确保各要素之间相辅相成、相互依赖，基于信息化网络的全面调控，可以将传统的公路运输模式转变为智慧运输，降低对环境的污染，有效规避交通拥堵，尤其是表现在对运输路线的合理规划上。可以综合大数据分析选择货物运输的最佳途径，减少运输时间，还可与城市道路进行连接，与地图软件平台进行合作，基于车辆行驶等角度，进一步减少尾气污染物的排放总量，加强对集约化运输事业的发展，实现多种交通模式的融合运用，以将运输效率提升到最高，规避货物运输的单一问题以及地域南北气候差异问题所带来的货物产销时间、空间分离，减少资源消耗总量。

六、推动自动驾驶技术发展

车辆自动驾驶具有以下优点：一是可以避免突然加速或者减速带来的能源消耗增加；二是通过智能化技术优化交通流运行能力，可以减少交通拥堵问题；三是可以降低跟随车辆的空气阻力，从而最大限度地降低碳排放。2021年交通运输部《关于组织开展自动驾驶和智能航运先导应用试点的通知》明确指出，聚焦自动驾驶技术、智能交通的发展和应用，推动新一代技术和交通运输实现深度融合。国家应当在技术研发等方面和相关部门相互配合，借助 5G 技术，推动车辆自动驾驶、车路协同的发展和应用。

七、加强技术创新，利用低碳技术、清洁能源

随着我国科学技术不断创新发展，使人们的生活与工作发生了巨大的改变，因此公路运输发展建设中应该结合科学技术，加快我国公路运输发展改革。因此，公路基础设施建设应该转变传统的运输方式与运营管理理念，进而应用新型资源与设备，带动我国公路运输发展水平的提高。在公路运输管理中，积极应用信息管理技术，从而将科学技术与公路运输管理相结合，使公路运输组织有效提升。除此之外，我国应该加强重视清洁能源的研发工作，加快我国汽车排放设备装置的升级改造，从源头上降低污染物的排放量，实现低碳经济背景下，我国公路运输事业的和谐发展。

公路运输造成的环境污染，主要是尾气排放引起的，可以从两个方面有效解决。一是利用低碳技术。公路运输企业制订发展规划时，要树立绿色低碳理念，正确处理经济效益和环保效益的关系。具体工作中，从低碳技术的研究、开发、利用入手，以保护能源为目标，创新技术手段，例如，采用新型发动机，避免使用柴油，减少使用汽油；对排气系统进行改造，尾气排放前先进行无害化、低害化处理，降低对空气和环境造成的影响。二是利用清洁能源。大力推广新能源、混合动力汽车在公路运输中的使用，例如比亚迪、奇瑞、吉利等国产品牌在新能源汽车开发领域拥有先进技术，新能源汽车在市场占有量的比重在不断上升，新能源的广发应用为低碳运输体系的构建气到了推波助澜的作用，不论是电动汽车还是混合动力汽车，都十分有利于公路运输的低碳化。

八、进行结构性减排及管理性减排

（一）进行结构性减排

运输结构不合理也是运输业碳排放过高的重要因素。对于公路运输来说，运量转移及提高运输效率可显著降低其碳排放量。

1. 公转铁、公转水

在大多数情况下，铁路、水路运输是较为清洁的几种运输方式。而公路运输中碳排放量在整个运输业中的占比已经超过了 80%。

现在我国交通运输结构仍然不合理。在大宗物资运输中，尽管铁路运输、水路运输成本较低，能耗也较低，但其优势并没有得到充分发挥。2020 年，铁路货运量、货物周转量在几种运输方式货运量和货物周转量中的占比为 9.8% 和 20.8%，而公路货运量、货物周转量所占比例为 73.7% 和 41.1%，这说明公路运输依然是最主要的交通运输方式。公路运输因具有比较好的通达性、机动灵活的特点，适合短途及"门对门"运输；铁路运输具有运能大、运输成本低、受气候和自然条件影响较小，运输连续性强且单车装载量较大等特点，适合运输长距离大宗货物商品。与铁路相似，水运具有成本低、运量大、距离远的特点，适合中长距离的大宗货物运输。铁路和水运的碳排放都明显小于公路运输。

尽管这几年国家出台政策促进公转铁、公转水，积极推进低成本、大批量、远距离的运输，但是水运也有显而易见的缺点，主要是运输速度慢，受港口、水位、季节、气候影响较大，因而一年中中断运输的时间较长。铁路、水路运输的货物周转量所占比例有所增加，但仍然存在较大提升空间。相关部门应当继续推动公转铁、公转水，通过运输方式的转换，将公路运量转移到铁路以及水路，这也是高速公路低碳发展的重要措施之一。

2. 发展多式联运

多式联运也可称作复合运输，是指运输过程由两种以上运输工具相互衔接、共同完成。其发展水平在一定程度上能够代表现代综合交通运输体系的发展程度。

货物运输可以通过公路、铁路、水路、航空以及管道运输来完成。但由于铁路运输具有运输速度快、运输能力大等优点；水路运输则成本低，能进行长距离、大批量的货运；公路运输比较灵活，可实现"门对门"运输等特点，所以在货物运输方面，这三种运输方式较为普遍。尽管多式联运有铁水、公铁、陆空等多种形式，但针对公路运输而言，公铁联运有着较好的发展基础，并且技术经济优势更为明显。所以，应当继续发展公铁联运，可以有效降低成本，提高运输组织水平，并能够降低能源消耗和解决交通拥堵问题，促进公路运输绿色发展。

（二）管理性减排

1. 提高燃油车排放标准

2010 年到 2021 年，我国内燃机排放标准从国三标准逐步升级到国六标准，每一次变化都意味着排放要求更加严格。2021 年 7 月，我国开始实施重型燃油车国六排放标准，该标准较于国五排放标准来说，颗粒物排放限值降低到原来的十分之一、碳氢化合物和一氧化碳排放限值降低了 50%。长期来看，燃油车排放标准将会继续提高。有关部门应当采取更加严格的措施，进一步加强客运和货运车辆的燃料消耗限值标准。

2. 对碳排放征税、对清洁能源生产研发进行补贴

二氧化碳的排放会造成负外部性，如图 5-1 所示，边际私人成本小于边际社会成本。边际私人成本与边际社会收益的均衡点为实际碳排放量 Q1，边际社会成本与边际社会收益的均衡点为社会最优碳排放量 Q*，Q1 大于 Q*。通过对碳排放进行征税，边际私人成本增加，新的均衡点变为社会最优排放量 Q*。这样能够消除负外部性，降低二氧化碳排放量。

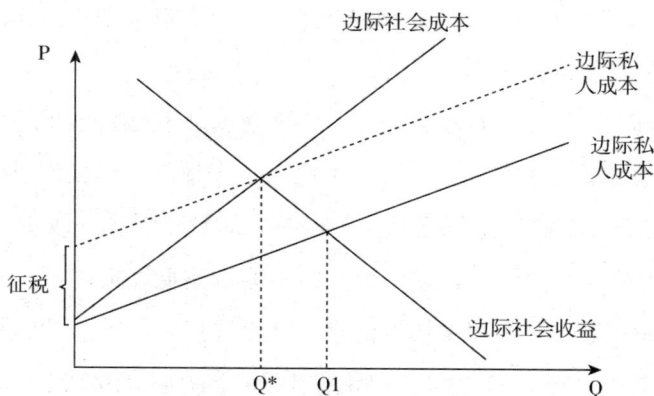

图 5-1　碳排放征税

政府可通过对传统燃油车征收燃油税以及购车税等，迫使二氧化碳排放量降低，促进高速公路绿色发展。同理，可对清洁能源车继续进行补贴，使边际社会收益等于边际私人收益，二氧化碳排放量减少。同时，国家对新能源技术研发进行补贴，可以在一定程度上解决部分新能源技术成本过高问题，从而推动新技术的研发与应用。

3. 碳排放权交易

碳排放权交易的原理是基于科斯手段，利用市场机制把碳排放进行产权化处理，从而降低碳排放总量。这实质上是将二氧化碳的排放权当作一种商品，需求方通过向供给方支付一定金额，获得相对应数量的排放权。通常，政府会制定一个碳排放量总额，并根据一定分配方式将配额分配给每个企业。如果未来企业的实际碳排放量比配额高，那么就需要到碳交易市场向供给方购买一定数量配额。与此同时，如果部分企业采用新技术低碳减排，最终其实际碳排放量比配额低，就可以通过碳市场向需求方出售剩余碳配额。2021 年 7 月，我国首个碳市场正式开市，将发电行业纳入其中。由于运输行业碳排放较为分散，可建立个人碳交易市场，鼓励公众参与，实现碳普惠。这样最终能够降低二氧化碳总排放量，有利于整个运输行业实现环保绿色发展。

交通碳排放是影响环境质量的一项重要因素，应当深入研究公路运输碳排放变化的环境、影响因素、内在机理以及减排政策和措施，切实推动我国交通运输领域碳减排和碳达峰。

九、建立可以持续发展思路

1. 科学规划路网结构。促进公路运输体系的可持续发展，要科学规划路网结构，要综合规划，要立足当地经济的长远发展，要有前瞻性，要精细科学。要加强对可再生资源和清洁能源的使用，创新施工技术，更新材料、工艺，与城市规划、园林绿化、产业规划等相结合，创造良好的基础设施条件。

2. 实施综合交通战略。综合交通战略，是树立循环经济的视角，以公路交通为主，和其他交通方式结合起来，在发展运输经济的同时，实现绿色低碳的目标。一是采用公路+铁路运输模式，充分发挥铁路运输运量大、经济成本低的特点，又实现公路运输灵活便捷、"门到门"的优势，有效解决大宗货物公路运输效率低、成本高以及出现的抛洒、扬尘等问题。二是升级路网结构，根据运输需求，合理选择不同等级的运输道路，将高速公路、国道、省道等有机结合，配合 GPS 和导航技术，选择最优路线，实现降本、增效、环保的效果。

十、建立共享经济模式

近年来，共享经济模式在全球范围内逐渐崛起，并已成为经济发展的焦点所在。在此背景下，公路运输行业中的物流共享经济模式亦受到越来越多的关注。物流共享经济的概念是指通过资源共享和协同配送等途径，实现多家物流企业在运输过程中的合作共赢，以降低运输成本、提高物流效率，并在此过程中减少碳排放。

首先，物流共享经济具有显著降低运输成本的优势。在传统的物流运输模式中，各个物流企业往往独立进行运输操作，导致车辆空驶率较高且物流效率不尽如人意。然而，物流共享经济模式则通过实现多家物流企业之间的资源共享，采用多点调度、多品种集中配载等手段，有效地减少运输成本。除此之外，物流共享经济模式还可以提高运输效率。借助多家物流企业之间的协同作业，可以更加精确地规划配送计划，减少无谓的行驶，从而提升整体物流效率。

其次，物流共享经济有助于降低运输过程中的碳排放。在物流共享经济模式下，多家物流企业通过协同配送、资源共享等方式，成功减少车辆行驶里程，从而降低运输过程中的碳排放。例如，多家物流企业可以共同利用集散中心、仓储设施等资源，以减少车辆行驶里程，进而降低碳排放。

为了促进物流共享经济模式的推广，政府可制定相应政策，鼓励公路运输企业的积极参与。如政府可提供补贴政策，以支持物流共享平台的建设与发展。同时，政府还可以加大对物流共享经济模式的宣传推广力度，提高公众的认知度与接受度，从而推动物流共享经济的普及和发展。

综上所述，随着城市化建设深入推进，我国道路交通路网建设日益完善，使人们的出行更加方便、快捷，加快了公路运输事业的发展，由于在公路运输中所需要消耗大量的动力能源，因此相关部门应该贯彻落实低碳经济理念，坚持以可持续发展为目标战略，从而加强重视公路运输节能减排工作。我国科学技术不断创新，应该将科学技术积极融入到公路运输经济发展建设中，从而转变传统的公路运输发展观念，运用科学技术实现公路运输发展变革，坚持以科学发展观为指导思想，使公路运输经济坚持走低碳经济发展路线，在低碳经济背景下，公路运输经济提升资源利用率，从根本上降低碳排放量，减少环境污染，进而带动我国公路运输经济稳定发展，促进我国经济稳定增长，为广大人民创建美好生活。

第六章 互联网对公路运输经济发展的促进

第一节 "互联网+"的提出及特征表现

一、互联网的发展历程

互联网首先是基础设施，在其基础上利用信息通信技术将众多节点连接起来，进而形成广泛的网络架构。现在互联网已经不仅是社会的重要基础设施，而且随着网民的不断增加，社会发生了深刻变化。

（一）互联网完全商业化之前的发展

互联网问世于 1969 年，但在 1995 年完全商业化之前，也就是在 1969—1995 年，网民以及使用的范围与领域都有一定的限制，互联网还没有那么普及。[①] 这段时期不同领域信息交流的需要和信息技术的发展，推动了互联网的发展。互联网能获得如此快速的发展，主要得益于信息传播交流需求。这一阶段互联网的发展，主要因为军事信息传递、科技信息交流、商务信息交流等需要而产生并发展，1995 年 4 月 30 日，互联网完全商业化，人们的日常生活、学习和工作都不同程度受到互联网的影响，虚拟空间与城市空间、网络社会与现实社会之间形成相互促进、共同发展的局面，从而为人类社会的加速发展创造有利条件。

（二）互联网完全商业化以来的发展

1995 年互联网完全商业化以后，中国互联网的发展大致分 4 个阶段：第一阶段，1995—2003 年，互联网主要是一种社交工具，主要功能是网络新闻、社区、论坛、QQ、

---

① 毕然. "互联网+" 背景下大学生创新创业教育探索实践 [J]. 科技经济导刊，2019，27（31）：153.

微信等；第二阶段，2003—2008 年，互联网主要是一种渠道，是交易平台，百度、阿里巴巴、腾讯等一批互联网企业便在此阶段发展起来，支付宝、B2C（Business to Customer，企业对个人电子商务）、B2B（Business to Business，企业对企业电子商务）、P2P（Peer to Peer，个人对个人）、众筹等得以发展；第三阶段，2008—2013 年，互联网完成了由渠道向基础设施的演进，"云网端"为主要标志性技术的突破和成熟，使互联网平台迅速崛起，大数据、云计算、物联网、工业 4.0、智慧地球呈快速发展态势；第四阶段，2014 年至今，互联网已经成为人类离不开的生存空间，已经成为一种新经济范式，并形成依附"互联网+"的一种新型经济生活方式，是经济社会的一次质的飞越，而且发展劲头正盛。

2019 年 8 月 30 日，中国互联网络信息中心（CNNIC）发布第 44 次《中国互联网络发展状况统计报告》，到 2019 年 6 月份，国内有 8.54 亿网民，互联网普及率高达 61.2%，与 2018 年底相比，网民数和网络普及率分别增加 2598 万、1.6%；同时国内有 8.47 亿手机网民，且比例达到 99.1%，与 2018 年相比，手机网民数增加 2984 万，手机上网比例增长 0.5%；而且移动宽带平均下载速率也比 5 年前提升 6 倍左右，但是自费水平却下降 90% 以上。造成移动互联网流量大幅度提高的一个重要原因是提速降费政策的实施，国内的手机互联网用户平均移动流量在 7.2GB，超过全球平均水平 0.2 倍；移动互联网接入流量额超 553.9 亿 GB，与去年同比提高 7.3%。国内乃至全球的经济社会都受到以互联网为代表的数字技术的深刻影响和推进，并为国内的经济社会转型、国家竞争新优势的出现、消费的不断升级等都创造有利环境。

（三）互联网背景下经济与社会的发展

互联网已经走过 51 个发展年头，在发展历史中也呈现出一定的特点。1995 年以前，互联网的应用领域主要集中在专业和学术上，真正将互联网进行商业化始于 1994 年，以浏览器技术的出现为代表并迅速波及全球，国内开始引入互联网也正是在这个时候。国内互联网在最近 20 年间的发展势头非常强劲，并深刻影响人们的日常生活，从窄带发展到宽带，从固定发展到移动接入，都不断方便人们的日常生活、学习和工作[①]。智能手机高度融合通信和计算的两项功能，并且人们还可以通过内置的应用商店进行各种移动应用的下载和使用，为人们的日常生活带来非常大的便利，人们已经越来越离不开智能手机和互联网。互联网也从简单的收发邮件发展成融合阅读、下载、浏览等多功能的社交平台，为

---

① 卜小凡. 关于"互联网+"背景下的大学生创新创业探究［J］. 智库时代，2019（37）：117-118.

人们的日常社交提供便利，而使用的用户也在日益剧增。互联网技术及其应用已渗透到社会的各个角落。现在，互联网发展进入一个全新的时期，即如何面向企业进行拓展而不局限于个体网民，以及如何进行产业互联网的发展而不局限于消费互联网。"互联网+"行动计划就是在我国经济与社会发展呈现新常态的背景下提出的，具有促进产业转型升级、刺激消费、推动就业创业，以及提升政府治理能力的积极意义。"互联网+"行动计划，受到社会各界的广泛关注，掀起了信息化与工业化融合的热潮。

未来，消费互联网的发展趋势将是产业互联网。任何一个产业的更新换代都将受到互联网的制约和推动，并且泛互联网化将成为每一个产业发展的必然特征。随着信息通信技术的不断发展和应用，各种创新形态演变和行业新形态将会不断涌现，并形成一个相互作用、相互影响、相互推进的关系网，这将给传统产业带来颠覆性的改革。综上所述，传统行业的转型并非简单地进行"互联网+"，还要将互联网进行深刻的渗透和融入，带动其供给方式和需求方式有全新的变化，并将极大改变经济和社会发展方式。在未来的信息社会，网络将是经济社会转型的重要动力，除此之外，数据、计算、知识等也将为社会转型带来不可逆转的推动作用。"互联网+"产生的融合应用是一种"化学反应"，将会推动经济社会走向颠覆式的创新。

二、"互联网+"的内涵解析

（一）"互联网+"的提出

2012 年，移动互联网博览会召开，"互联网+"这一概念第一次正式出现在大众视野中，到了 2015 年，这一概念出现在了政府的工作报告之中。2015 年 3 月 5 日，在第十二届全国人民代表大会第三次会议上国务院总理李克强在《政府工作报告》中提出："制订'互联网+'行动计划，推动移动互联网、云计算、大数据、物联网等与现代制造业结合，促进电子商务、工业互联网和互联网金融健康发展，引导互联网企业拓展国际市场。"

"互联网+"是利用互联网软、硬件及信息技术做平台，嫁接各行各业的生活与服务，嫁接社会管理各方面及百姓日常生活，使生产、服务、管理、生活变得更高效、更绿色、更得体、更省心、更便利、更智慧的创新过程。

"+"是什么？"+"什么？简要地说，"+"就是"+农工商信息"，把传统产业升级为现代企业和未来企业，就是"+行业（Industry）""+企业（Enterprise）"。互联网发展至今，使用人数以极快的速度逐年增长。市场研究公司 Ipsos-Reid 针对 12 个国家网络使用行为调查指出：54%的受访者有联网行为，62%的上网族群曾经在网络上购买商品及服务。皮尤互联网（PewInterenet）和美国生活项目（American Life Projeet）的调查显示：美国网上银行使用人数年增长164%，在线购物人数年增长78%。这些迹象表明网络已经融入人们生活的方方面面，网络社会已经来临。

综上所述，"互联网+"是我国提出的一个发展战略，意指通过互联网技术与传统产业深度融合，推动新一代信息技术与经济、社会各领域融合创新，促进信息化与工业化深度融合，加快转型升级，推进创新发展，实现经济社会发展方式的变革。这一战略的提出，主要是针对互联网技术的迅速发展，以及传统产业面临转型升级的压力。通过"互联网+"的融合，可以实现生产方式、经营方式、消费方式的升级和转变，推动各行各业的创新和发展。到今天，"互联网+"的概念已经运用到各行各业，并且取得了显著的成效。"互联网+"这一概念的提出，顺应了我国不断发展的科学技术以及飞速增长的经济。

（二）对"互联网+"的正确理解

可以将"互联网+"的内涵看成是"互联网+传统行业"，是在传统行业的基础上融合信息通信技术和互联网平台，并以此进行经济社会新形态的构建。"+"则是一种联合和结合的含义。因此，"互联网+"是由两个因素所构成：一个是互联网；另一个是其他传统产业。它是为不同产业发展所制订的行之有效的计划，而实现这一计划的重要手段是结合传统产业与互联网的优势和作用，而且"互联网+"概念具有整体性特征，它的目标是促进传统产业的升级和换代，并在传统产业中结合平等、开放和互动的互联网特征，以及在大数据的分析和整合作用下，形成清晰的供需关系，从而促进传统产业的产业结构以及生产方式的变革，为经济发展提供新的机遇和动力，为国民经济的健康、快速发展保驾护航。正确理解"互联网+"，必须对以下四点有清醒的认识：

（1）避免把"互联网+"仅仅看作一个工具。要正确理解"互联网+"，一定要走出狭义的工具论视野，应该把生态性作为"互联网+"不可缺少的一项重要因素。它是建立在互联网技术和互联网平台的基础之上，是通过渗透到传统行业中发挥作用，从而促进新的价值与新的发展生态的形成和发展。"互联网+"代表一种新的经济形态，它将起到改造传统行业业务模式、创新传统经营理念、提升实体经济创新力和生产力的重要作用，并促进经济社会发展新形态的建立。

（2）人人"互联网+"的观点。"互联网+"背景的到来，使每个人都有一个"互联网+"，任何网民的时间、空间、生活、关系、职业、行业等现实世界的一切与网络世界不可分割地成为一个整体。每个人都可以对"互联网+"做出自己的定义并进行解读。重要的是在"互联网+"这个潮流中，每个人积极拥抱"互联网+"，主动适应"互联网+"的改变，主动运用"互联网+"改变自己、改变社会。

（3）"互联网+"不仅仅是连接，更是跨界融合。"互联网+"的特质是"跨界融合，连接一切"。如果说连接一切代表了"互联网+"和这个时代的未来，那么，跨界融合是"互联网+"现在真真切切要发生的事情。

（4）用生态、联系的观点看待、解读"互联网+"。它是一种重要的生态要素，因此在认识和了解它要从它的全局性、系统性和协同性出发。而"互联网+"的"+"之后可以联系任何一个传统行业，如教育、医疗、社区或者物流、交通、金融等，但是想要全面认识"互联网+"并非将两者简单相加就可以，而应该在信息通信技术和互联网平台的基础上融合传统行业和互联网，从而创造新的发展生态。

"互联网+"是综合互联网平台和互联网技术，而融合互联网和传统行业，提高生产效率和生产力，从而促进新的价值和新的发展生态的形成。开放自由的互联网思想是"互联网+"产生的前提和基础，它将对人们的产业运行模式、社会发展形态和个人生活模式的变革产生重要影响。它是中国工业化转型时期的重要产物，将对传统制造业、服务业、金融业和物流业产生新的动力，促进其升级换代。

"互联网+"代表一种全新的经济形态，它将促进传统行业模式的创新、生产要素配置的优化、实体经济创新力和生产力的提升以及经营理念的创新，为经济发展创造新的增长点。

三、"互联网+"的特征表现

（一）跨界融合

跨界融合可以实现不同行业之间的资源共享、协同合作，打破传统行业的局限性，提高资源利用效率和降低成本。"互联网+"鼓励不同行业之间的合作与融合，打破传统行业之间的界限，提高资源利用效率和降低成本。具体意义和价值如下：

（1）优化产业结构：跨界融合可以实现产业链的优化和升级，推动传统产业向高端、智能化、绿色化的转型升级。

（2）提高效率和降低成本：通过跨界融合，不同行业之间可以实现资源共享和协同合作，提高资源利用效率和降低成本。

（3）增强竞争力：跨界融合可以实现不同行业之间的技术和经验共享，提升企业的技术水平和竞争力。

（4）丰富产品和服务：通过跨界融合，不同行业之间可以实现创新性的合作，为消费者提供更加丰富和多样化的产品和服务。

（5）推动经济发展：跨界融合可以促进传统产业向新经济和新业态的转型，推动经济发展。

（二）以人为本

以人为本是指在经济和社会发展的过程中，要始终以人民群众的需求和福祉为出发点和归宿，注重人的全面发展和幸福感。在"互联网+"的背景下，以人为本成了互联网企业和服务提供商的核心理念之一。主要表现在以下几个方面：

（1）提升服务质量：以人为本的理念能够帮助企业更好地理解和满足消费者的需求，提高服务质量和客户满意度。

（2）建立良好的信任关系：通过关注人民群众的需求和福祉，企业能够建立更加稳固和良好的信任关系，促进消费者和企业之间的长期合作。

（3）推动经济发展：以人为本能够促进创新和改进，提高企业的竞争力和市场占有率，从而推动经济发展。

（4）增强社会责任感：以人为本能够让企业更加注重社会责任和社会效益，为社会贡献更多的力量。

（三）创新驱动

创新驱动是指以技术和模式创新为核心，以创新推动企业和行业的发展和进步。在"互联网+"的背景下，创新驱动成了互联网企业和服务提供商的核心竞争力之一。主要表现在以下几个方面：

（1）提高市场竞争力：创新能够帮助企业推出更加创新和有竞争力的产品和服务，提高企业的市场占有率和竞争力。

（2）推动行业发展：创新驱动能够促进行业的发展和升级，推动传统产业向新经济和新业态的转型。

（3）增强企业活力：创新能够提高企业的创造力和创新力，增强企业的活力和生命力。

（4）提高经济效益：创新能够提高生产效率和降低成本，从而提高经济效益。

（四） 信息共享

信息共享是指在"互联网+"的背景下，各个相关方通过信息化手段将自己所拥有的信息资源进行共享，从而提高运作效率和协同效应，实现信息互通、资源互享、优势互补的目的。主要表现在以下几个方面：

（1）促进信息资源的高效利用：信息共享可以打通信息孤岛，促进信息资源的高效利用，提高信息资源的价值和效率。

（2）提高决策效率：信息共享可以让各个相关方共享同一份信息，提高决策效率和准确性，降低决策风险。

（3）推动协同合作：信息共享可以促进各个相关方之间的协同合作，优势互补，共同实现目标。

（4）提高服务质量：信息共享可以让各个相关方共同参与服务流程中，提高服务质量和客户满意度。

（五） 开放共赢

开放共赢是指在"互联网+"的背景下，各个相关方通过开放合作、共享成果的方式，形成良性的生态系统，共同推进产业发展，实现多方共赢的目的。开放共赢强调开放性、共享性和合作性的重要性，使得"互联网+"各个领域的企业和个人都能够在竞争中获得优势和发展机会。主要表现在以下几个方面：

（1）促进创新和升级：开放共赢可以将各个相关方的资源和优势进行整合和优化，推进产业的创新和升级。

（2）提高市场竞争力：开放共赢可以让各个相关方共同参与到市场竞争，形成良性竞争环境，提高市场竞争力和行业发展水平。

（3）促进合作和交流：开放共赢可以让各个相关方之间进行合作和交流，共同分享资源和成果，实现互利共赢的目标。

（4）提高服务质量：开放共赢可以让各个相关方共同参与服务流程中，提高服务质量和客户满意度。

四、"互联网+" 运输的特征

通过近些年中国运输采购协会公布的运输运行数据可以看出，在"互联网+运输"的推动下，我国运输行业整体趋势正在向上向好发展。长久以来，我国运输行业整体饱受着低效率和高成本的困扰，这一问题不仅增加了相应制造业的运输成本，也极大地影响了消费者的消费体验，从而影响着经济发展。乘着国务院大力支持和鼓励"互联网+企业"发展的快车，我国传统运输行业进行了深刻的改革。以往，数据的无序增加是导致物流企业成本无法把控的重要因素，由于信息的不对称性，经常出现卖家与买家信息对接不畅，专业性产品邮寄由于运输无法满足差异性需求而导致竞争力下降。以部分生鲜瓜果运输为例，卖家与买家无法及时有效沟通，部分生鲜食品就会因错过季节而大大损失销售价值，而生鲜运输对于新鲜度要求很高，这种个性化的运输方式对运输提出了极大的考验。而当互联网理念开始引入，"互联网+大数据"开始构建，传统运输行业通过收集车辆行驶距离、产品特性、载重等变量，搭建运输行业大数据库，通过把控各要素的变化，配合线下运输 APP 的使用，既能保证数据沟通的流畅，也能智能化控制要素变量，使得运输企业得以在市场中不断提高竞争力。

"互联网+运输"的优势不仅体现在外部运输数据流通共享上，对于运输企业内部，互联网技术在产品管控和企业管理上也发挥着极大的作用。以往，运输每到一处只能通过电话沟通，手动记录货品到达以及运输情况，耗时耗力。而引入互联网技术，可以构建"互联网+运输终端"，从区域运输经理到基层快递小哥，人手一部手持终端，运输每到一处，通过手持终端扫描，就能让运输信息实时"上网"，从出库到抵达，全流程监控，既便利了产品管控也降低了运输风险。同样，人员请销假、工资发放、工时计算，这在以往是极其耗费企业财务力量的部分，也因为数据繁杂，经常会造成一些不必要的纠纷，成为困扰企业财务的一大难题。随着互联网的不断深入发展，许多运输企业通过接入"钉钉"这一网络平台，让员工信息"上网"，请销假全程网上办，上传凭证、在线签发、工资工时直接录入平台，随时查询，随时结算，既节省了大量人力、物力，也优化了企业资金流向，便利了企业管理。

五、"互联网+"背景下我国公路运输的发展

近年来，随着我国总体经济稳中向好高质量发展，我国贸易经济不断增长，带动了货物运输规模的扩大。交通运输部的数据显示，2010—2020 年我国公路货运量始终占全国货运量七成以上（图 6-1）①，从事公路货运行业的卡车司机人数已突破 3000 万人。公路货

---

① 由于疫情原因，2021—2022 年的数据不完善，因此这里仅论述到 2020 年。

运以其独有的优势，如灵活性高、所需投资相对较少以及短途运输的便捷等，在我国货运市场上发挥着不可替代的重要作用。但相关政策的调整、疫情的散点式暴发、其他运输方式的高速发展等外在冲击以及公路货运行业其本身存在的不足，都对我国公路货运的未来产生了重大影响。此外，随着 2015 年"互联网+"概念的兴起，如何更好地利用互联网技术整合线上线下信息、有效提高公路货运效率成为亟待解决的重要问题。因此，明晰当下公路货运行业现状，为推动公路货运现代化、信息化与高质量发展建言献策，从而助力我国经济的健康发展与转型升级。

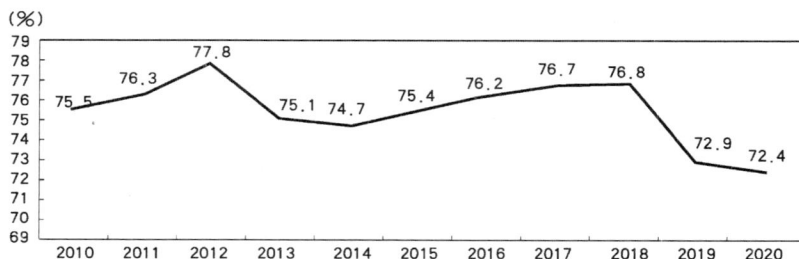

图 6-1　2010—2020 年我国公路货运量占总货运量比重①

（一）"互联网+"背景下我国公路货运行业现状

1. 货运量及运输效率逐步上升

国家统计局数据显示，2021 年我国公路货运量已达到 391.39 亿吨，货运周转量为 69 087.7 亿吨公里，已成为全球第一大市场。即便受到新冠肺炎疫情的冲击，我国在 2020 年下半年公路货运量也逐渐恢复正常。同时由中国公路货运效率指数可见（图 6-2），2020 年 4 月后我国公路货运效率较 2014—2019 年整体月平均运行水平均有所提升，总体表现出稳中向好的趋势。

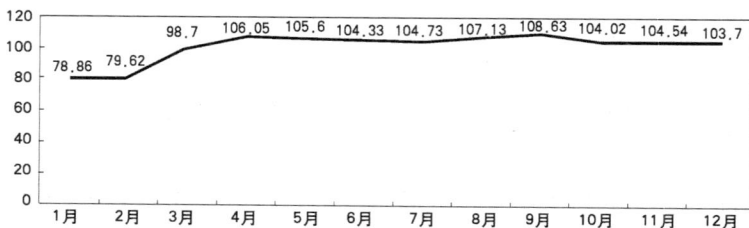

图 6-2　2020 年公路货运效率月指数②

---

① 数据来源：中国运输与采购联合会公路货运分会。
② 数据来源：中国运输与采购联合会公路货运分会。

2. 技术应用水平有所提升

随着互联网技术的不断发展，公路货运行业得到了新的发展机遇。随之而来的是网络货运和"互联网+运输"模式的崛起。这种模式引入了信息技术，使企业、车主和货主之间的交易更加透明。信息技术的应用提升了公路货运行业的技术水平，使得参与各方能够实现及时共享和联通的信息。通过互联网技术的引入，公路货运行业的参与者能够更加高效地协作，提高运输运作的效率和准确性。因此，"互联网+运输"模式的出现标志着公路货运行业技术水平的进一步提升。

3. 准入门槛低，行业透明度升高

公路货运行业作为运输行业中的重要一环，其准入门槛相对较低，但同时也要求运营者具备一定的资质和基本条件。一般情况下，运营者需要拥有相适应的车辆，并经过相关检测合格；同时还要招聘符合规定的驾驶员，并建立健全安全生产管理制度。这种准入门槛的设定，有助于确保货运行业的安全和可靠性。

此外，近年来有关部门加大了对公路货运行业信息的公示力度，加强了市场监管，推进了行业的规范化和透明化。各方可以通过公开的信息了解市场的行情、供求情况、价格等，进一步增强了行业的透明度和公正性。这也促使着企业、车主和货主等各方竞争意识的增强，不断提高自身的管理水平和服务质量，推动整个行业朝着更加健康有序的方向发展。

4. 公路货运基础设施逐渐完善

近年来随着电商行业不断发展，我国运输需求量增速迅猛，这为我国交通运输基础设施建设带来了重大考验，促使公路货运基础设施的不断完善。EPS 中国交通数据库中的相关数据显示，我国公路总里程与公路密度自 2010—2020 年实现稳步上升，截至 2020 年底，我国公路总里程已达 519.81 万公里，以国土面积计算的我国公路密度达 54.15 公里/百平方公里（图 6-3）。公路基础设施的完善为我国公路货运经济的发展奠定了重要物质基础。

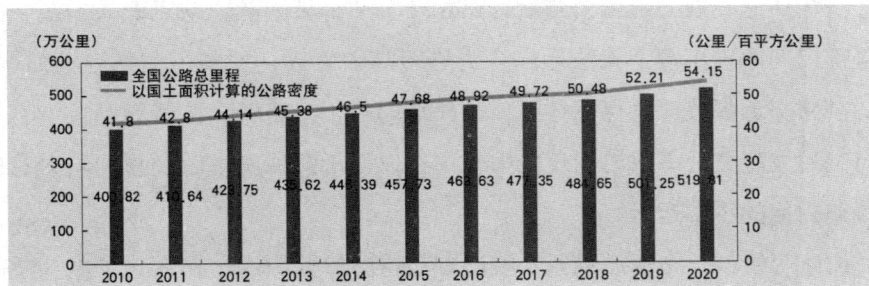

图 6-3　2010—2020 年全国公路总里程及密度①

---

① 数据来源：EPS 中国交通数据库。

（二）存在的问题

1. 外生冲击

（1）政策转变。《推进运输结构调整三年行动计划（2018—2020年）》表明我国正不断加紧大宗货物运输"由公转铁，由公转水"的交通运输结构调整改革，这对以公路货运为主导的我国货运体系产生了较大冲击。

（2）疫情的不可预测散点式暴发。当前我国新冠肺炎疫情呈散点式暴发态势，各地都可能遭遇持续时间无法预测的"封城"管控，卡车司机被困于高速公路、疫区货运需求无法满足等问题时有发生，对我国公路货运行业的发展造成不小的压力。

（3）其他运输方式的高速发展。近年来，由于现代运输理念的提出，我国铁路系统不断加紧完善，建设了一批有别于传统货运场站的运输节点，有效提高了铁路运输效率，且由于其在运输量、运输时间等方面的显著优势，铁路货运量逐渐提高，2021年我国铁路货运量已达47.2亿吨，并且新兴城市地铁的加快建设为城市内运输瓶颈的解决提供了有效方案，未来城市地铁货运量具有较大的发展潜力。

2. 内生缺陷

（1）交通事故多发，威胁人身财产安全

公开数据库数据显示，2010—2020年我国公路交通事故发生数及死伤数高居不下，如2019年我国的百万公里事故数为3.7起。同时据行业专业访谈，我国卡车司机死亡率常年在千分之一左右，远高于国内其他运输方式与发达国家公路货运市场。究其原因主要有四点：

第一，政府公路运输管理体系尚不完善。我国公路运输管理法规的制定与更新滞后于公路货运经济的快速发展，导致公路货物运输产生了种种问题：缺乏有效、统一的管理标准，导致各部门间职责不清，无法形成合力进行高效管理，加剧了道路运输效率的下滑；缺乏健全的公路交通事故应急保障体系，相关部门对于公路安全监督不到位、管理制度不健全，应对突发大型交通事故的处理能力较弱，以至于意外发生时公路运输时有中断，严重阻碍了公路货运的正常运行。

第二，道路等级低、车辆质量差。我国现有道路建设中依然存在为了提升道路等级而直接进行路面硬化操作的现象，不可避免会造成实际道路质量不达标问题。同时，我国货运车辆的设计理念往往围绕适应不同气候下的运输需要且兼顾耐用性能，较少关注汽车性能与长途及高速货运环境的匹配问题。

第三，企业安全管理制度不健全。现有公路货运企业在对车主的选拔上大多没有明确且完善的制度规定，同时，企业为了获得更大利润，强行压缩车主行车培训时间的现象时有发生，定期的出车流程检查形同虚设，增加了交通安全隐患。

第四，司机安全意识匮乏。根据过往对卡车司机的调查发现，自有车辆的货车司机因为其自负盈亏的特殊属性，造成其往往明知事故风险的存在，依旧选择道路拥堵状况较好但视线状况差的夜间进行行车，并屡次做出疲劳驾驶、超载、超速的违章操作，这一安全意识的匮乏给公路货运安全造成巨大影响。

（2）业内发展存在缺陷

①产品同质化程度高，行业竞争过于激烈。公路货运提供给消费者的产品即为货运服务，存在行业内部服务内容同质化程度较高、差异化程度较低，行业准入零门槛，从业人员接近饱和等问题。而公路货运市场规模扩张速度较为缓慢，如 2020 年中国公路货运行业市场规模同比增长仅 0.3%，供求失衡导致了行业内部竞争激烈，行业利润率较低，致使不少公路货运从业人员为了提高自身收入，冒着违章运输被查处风险，进行超载超限等非法运营。

②市场集中度低，无法发挥规模效应。当前我国车辆组织具有小、散、乱、差的特点，个体运输户占比较大，截至 2020 年，个体户占行业从业总人数的 69.33%，经营方式以单车承包经营为主。由于市场集中度低，无法形成大型组织或企业发挥规模化、集约化效应进行统一高效的规划与客户需求整合，因此导致需求侧与供给侧信息传递不通畅，"车找不到货，货找不到车"的问题屡见不鲜，返程车"三空"现象（即空载、空驶、空置）成为突出问题，大大降低了公路货运效率。

（3）行业设施现代化水平依然较低

①网络货运平台功能不全。政府现有网络货运平台由于缺乏核心技术，在各企业内的利用率依然较低，企业各自为政、信息无法互通的现象难免会造成车主与货主之间的信息不对称，存在车主获取信息不及时、车主与货主间缺乏信任，无法保证交易的安全性与及时性，从而可能引发平台的负外部性等众多问题。同时，现有对供给侧（即卡车司机侧）资源的整合大多通过包括"卡友地带"等在内的非正式公益性组织进行，无法更好地满足客户的个性化需求，滞后于当今时代货运发展的需要。

②新型基础设施建设推进缓慢。公路运输基础设施体系主要包括公路、客货运场站以及其他辅助设备。近年来，我国虽不断加大交通基础设施建设力度，并取得了显著成效，极大地促进了公路货运行业发展，但充电桩等新能源汽车配套设施建设进程较缓慢，同时

运输场站功能及互联形式尚不健全。

（4）从业者境况不佳，职业幸福感低

2021年，全国总工会关爱货车司机从业环境调查问卷结果显示，在接受调查的1.5万名卡车司机中51.72%的人每日工作时间在10小时以上，超过12小时的人数占总人数的四分之一以上，可见该群体长期处于高强度的工作状态下。同时，86.1%的卡车司机表示自身患有职业病，如腰椎间盘突出、颈椎病、胃病等，这成为卡车司机职业健康的"痛点"，不仅使其个人饱受病痛折磨，也为其日常工作埋下了较大的安全隐患。由于境况不佳，不少司机表示将另谋发展且不会推荐身边其他人从事该行业。

（5）节能减排工作难以落实

当前，在其他领域碳排放增速都渐趋平缓的情况下，我国交通运输业碳排放却依然呈上涨态势，成为阻碍我国实现双碳目标的重难点。而公路运输行业则是其中的重中之重，其碳排放量占交通运输行业总排放量的八成以上（图6-4），因此公路货运行业实现绿色低碳发展迫在眉睫。

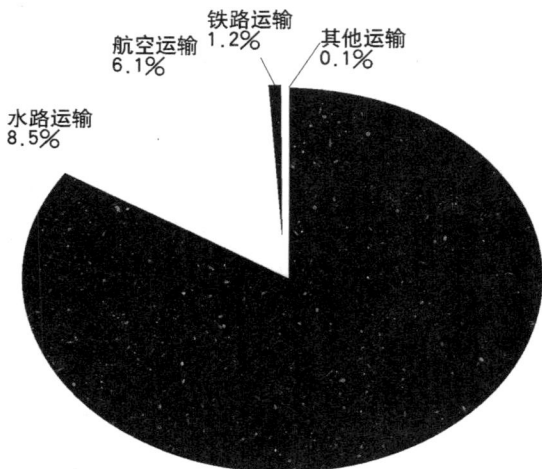

图6-4 我国交通运输行业中各类运输方式碳排放量占比①

第二节 互联网发展对公路运输经济的影响

公路运输行业是我国不可代替的行业，互联网作为推进各行业发展的智能工具，如何

---

① 数据来源：生态环境部、开源证券研究所。

通过互联网提升我国公路运输行业的综合实力成为交通行业研究人员的研究方向。管理人员应该结合目前的发展状况，根据互联网的发展特点不断优化公路运输行业中的各项系统和设施。

一、公路运输经济的意义及现存问题

（一）公路运输经济的意义

（1）公路运输经济不仅是我国综合经济中的重要部分，也是降低各区域之间经济发展差异的重要举措，同时，公路运输经济还对我国社会主义市场经济的构建有着至关重要的推动作用。在公路运输经济发展的同时，我国可以通过构建公路运输基础设施来完成不同区域投资环境的构建，帮助经济贫困地区通过公路运输资金投入来构建完善的经济发展体系，提升区域内的产品流动性，帮助区域内的产品走出去，区域外的先进理念引进来，为区域内百姓营造更加方便的出行环境，以此来综合提升经济不发达区域的综合实力和影响力，并不断形成良性循环，吸引更多质量更高的人力、物力、财力资源，以此来实现区域内的经济发展快速提升。同时通过在区域内构建公路运输经济发展基础建设体系还可以为当地带来更多的岗位，提升当地百姓的就业率，解决当地百姓的事业问题。如果公路运输岗位的薪水较高，则还可以通过公路运输来吸引更多的外来人才，进而推进当地医疗、教育等各方面的发展，形成完善的综合性区域经济发展体系。

（2）运营成本高，传统优势逐渐消失。公路运输经济发展的基本条件是具有完善的公路交通基础设施，虽然近年来我国对交通基础设施的构建重视度非常高，但由于我国占地面积较大，且不同地区的经济发展情况存在着较大的差异，因此我国目前的公路交通基础设施网络构建还不够完善。同时由于公路交通基础设施的构建是一个耗费成本极高，维修成本也极高的工程，在构建完成后获得的明面收入经济值很低，成本高利润低，这也就使得公路交通基础设施构建难以长期稳定地开展。由于公路交通基础设施构建耗费资金较大，在管理过程中一旦力度松懈，就会出现较多的贪污问题，影响公路交通基础设施体系的构建，投资方对于公路运输行业的积极性不断降低，使公路运输经济的发展难以提升。同时，重型货物的运输成本极高，我国目前已经开始研究全国公路运输网络的构建，这也使得公路运输经济发展情况逐渐变差。

（三）区域间发展程度差异性较大

目前我国的经济发展情况具有强烈的地域色彩，主要表现为经济发展水平存在着较大的差异，经济框架的组成成分及分配比例也存在着较大的差异，我国的发展战略为先富带动后富，而目前的发展过程中，先富和后富存在着较大的经济差距，这也给交通基础设施体系的构建带来了一定的影响，使得公路运输行业的发展出现了较大的障碍。

（四）环境污染问题

我国公路运输在发展过程中依然存在一些问题。首先存在环境污染的问题，在运输过程中，车辆是主要的工具，所以随着运输量的增多，运输车辆不断增多，造成的车辆废弃也越来越多，也就对环境造成较大的污染问题。我国一直在强调可持续发展，要注重节能减排，但是目前我国的运输车辆还在不断改进当中，在运输过程中依然会释放出大量的有害气体，对于社会造成严重的环境污染问题，不利于落实可持续发展战略。所以，目前要促进我国公路运输行业的快速发展，解决运输车辆排放废气问题，解决环境污染问题至关重要。

（五）信息化水平低的问题

虽然，我国的科学技术得到了较大程度的发展，信息技术不断地提高，但是，目前我国的公路运输行业依旧存在信息化水平不够的问题。公路运输行业在经济发展中虽然有注重对信息技术的运用，也逐渐实现信息化管理，但是所运用的信息技术水平不高，对于信息技术的应用深度也不足，不利于提高运输服务质量。信息化水平低，使得公路运输行业在经济发展中不能很好地开挖多样化的服务，不利于提高公路运输行业的核心竞争力，也无法有效地提高公路运输行业的经营效益。

（六）区域发展不平衡的问题

我国在经济发展过程中一直都存在发展不平衡的问题，公路运输行业在经济发展过程中依然也存在区域发展不平衡的问题，因为公路运输行业的发展对于交通的依赖性比较强，所以针对于交通比较发达的地区，公路运输发展比较快，但是在交通不发达的地区，交通运输发展非常缓慢。地区的经济直接影响着当地的交通发展，所以我国各地区的交通发展情况也不相同，同样的也存在区域发展不平衡的问题，对于促进我国的公路交通运输行业发展造成了很大的影响。所以，当前我国公路运输行业必须解决区域发展不平衡的问题。

（七）产业发展资金紧张的问题

当前公路运输经济发展中也存在着发展资金紧张的问题，运输行业的发展不仅依赖着交通发达情况，资金的筹集到位情况也十分重要，因为公路运输行业在发展过程中，需要大量的资金来进行交通网络的建设。在交通网络建设的过程中，受各种因素的影响，不仅要投入大量的资金，更要投入大量的人员和设备，例如部分地区的地质环境比较差，交通网络建设的路线也比较长，所以对于资金的需求十分大。此外，随着我国社会经济的发展，我国的金融管理制度也不断完善，资金的流通流程逐渐完善，所以公路运输行业的资金流通难度不断的增大，导致公路建设的资金投入严重不足，不利于促进公路运输行业的发展。

二、互联网在公路运输经济发展中的作用

（一）实现资源配置的优化

公路运输行业主要的工作内容就是进行信息的传递以及货物的运输，所以公路运输行业是一个网络化的行业，加强对互联网信息技术的运用，可以有效地提高公路运输的经济效益，提高公路运输的服务质量。加强互联网技术在公路运输经济发展中的运用，可以对资源配置进行优化。

第一，通过对互联网技术的运用，公路运输公司可以提高对公司全部可以调配资源的掌握和运用；第二，加强对互联网信息技术的运用，可以提高相关信息的共享，使得公路运输公司可以及时了解运输的相关数据，比如可以进一步掌握运输过程中的交通情况，从而及时调整经营方式。此外，互联网技术还可以提高公路运输公司的管理效率，使公司更加全面地掌握到公司的经营状态，结合公司的发展战略进行经营策略的调整，提高公司的经营效益。

（二）加强对公司运营风险的掌控

加强对互联网技术的运用，可以提高对公司运营风险的掌握，公路运输公司在经营过程中，不仅会存在资金不足的风险，由于在运输过程极容易受到天气和路面情况的影响，所以也存在很大的运输风险。加强对互联网技术的运用，公路运输公司可以及时地掌握各个城市的实时天气情况以及路面情况，从而制定更加合理的运输路线，减少风险的发生。

（三） 提高服务质量

随着公路运输行业的发展，当前该行业的市场竞争压力也越来越大，所以公路运输企业想要持续稳定地发展，必须不断地扩大客户，提高公司的业务量，从而提高公司的经营效益。而吸引客户最大的影响因素则是服务质量，加强互联网技术在公路运输行业中的运用可以提高服务质量，为客户提供更加优质的服务，从而有效地提高运输公司的经营效益。

（四） 加快公路运输的专业化发展

加强互联网技术在公路运输经济发展中的应用，还能加快公司的专业化发展，通过互联网技术，可以将公司有限的资源都集中应用在一个专门的功能开发和研究上，从而获得更大的市场竞争优势，促进公司的专业化发展。通过对互联网技术的运用后，提高公司的专业化发展，可以有效地降低公司的运营成本，提高公司的经营效益。

（五） 公路运输经济的推动作用

"互联网+公路运输"已成为现代物流发展的重要趋势，其中降低运输成本、提高运输效率、促进环保、创新商业模式是其主要优势。在降低运输成本方面，"互联网+公路运输"通过线上平台实现运输需求的高效匹配，减少空驶率，优化运输路径，进一步降低成本。在提高运输效率方面，互联网技术可以实时获取运输需求信息，实现精确的配送计划，同时通过物联网、GPS等技术手段，可以实时监控车辆行驶状态，提高运输效率。在促进环保方面，通过优化运输路径、提高装载率等手段，可以减少运输过程中的能源消耗和碳排放，实现绿色低碳的运输方式。在创新商业模式方面，"互联网+"公路运输带来了许多创新的商业模式，如共享货运、即时配送等，这些新兴模式有助于满足市场多元化需求，提升行业竞争力。因此，"互联网+"公路运输在现代物流发展中具有重要意义，其优势将为物流业带来更为广阔的发展空间。

（六） 创新运输模式

互联网技术的发展推动了公路运输行业的创新。例如：

（1）共享经济理念下的新型运输模式。互联网技术的发展为公路运输行业带来了创新机遇。在共享经济理念的推动下，拼车、顺风车等新型运输模式应运而生。这些模式通过整合闲置资源，提高运输资源利用率，从而达到节省资源、降低成本的目的。同时，新型运输模式为用户提供了更为便捷、灵活的出行选择，满足了不同消费者的个性化需求。此外，共享出行模式有助于减少交通拥堵、降低空气污染等问题，为城市发展带来更为可持续的发展路径。

（2）无人驾驶技术的应用。无人驾驶技术是近年来公路运输领域的重要技术革新。自动驾驶汽车通过应用先进的传感器、导航系统、人工智能等技术，实现车辆在无人操作的情况下自主驾驶。这一技术的发展将对公路运输产生深远影响。首先，自动驾驶汽车能够提高运输效率，降低运输成本。通过精确的路线规划、自主驾驶，自动驾驶汽车可以在较短的时间内完成运输任务，减少油耗和维护成本。其次，自动驾驶汽车有望缓解交通拥堵。无人驾驶技术可以提高道路通行能力，优化交通流，从而有效地减轻城市交通压力。最后，自动驾驶汽车有助于提高交通安全。通过实时监测路况、避免驾驶员疲劳驾驶等因素，自动驾驶汽车可以显著降低交通事故发生的概率。

三、互联网发展对公路运输经济带来的改变

（一）拓宽工程资金的来源

在公路运输经济的发展过程中有一个很重要的问题就是公路设施建设的资金比较缺乏，对公路设施的建设产生了一定影响，也影响着公路运输经济的发展进程。在互联网不断发展的背景下，合理地运用互联网技术拓宽工程资金的来源，提升资金的利用率，也促使公路设施建设的质量得到提升。例如，相关工程项目的管理人员可以利用网络进行宣传从而扩展工程资金的来源渠道，通过众筹或者其他互联网平台引起相关企业的重视，从而得到融资缓解建设过程中资金短缺的问题。另外，在公路设施建设的过程中利用互联网技术进行管理，例如，云监督、云管理等，不但能够提高资金的使用率，也提高了工程建设的透明化，在建设的过程中受到国家和人民群众的监督，使工程的建设质量得到了提高，促进了公路运输经济的发展。

（二）降低了运输成本

经济的发展使得人们在交通运输中更加注重个性化服务，而在互联网不断发展的背景下，可以利用相关数据平台实现智能化管理，降低运输成本，例如，智能仓储系统，将网络平台和物流运输行业相结合，统计和分析区域内消费信息，设计相关运输方案，提前的

对某些常用商品进行分区配送，在一定程度上提高了物流效率，降低了物流的整体成本。而且在进行物流运输配送时，经常会出现一些不规范或者不文明操作行为，导致运输物品受损，不但影响了物流运输行业的发展，还影响着人们对物品的使用体验，在互联网不断发展的背景下，可以帮助人们实现对公路运输全过程的跟踪，大大地提高了公路运输的准时性和规范性，也提高了人们对运输服务的满意度，有利于促进公路运输行业的发展从而促进公路运输经济的发展。在互联网不断发展的背景下还实现了无人机运输，对于紧急救援货物或者特殊货物可以使用无人机运输，不但提高了运输的效率，还能够促进交通运输经济的整体发展。

（三）构建信息平台，实现综合化管理

在互联网不断发展的背景下，可以利用互联网技术构建公路运输信息平台，实现对公路运输的综合化管理，例如，借助全面控制系统、交通信号控制系统、违章自动记录系统以及其他智慧系统，来实现对公路运输的实时控制，而且通过对信息平台的数据进行交流和共享，可以将信息进行集中化管理。互联网的发展和公路运输经济有着密切的联系，利用互联网中的大数据平台优势可以实现对数据的准确采集、归纳和整合，不断地完善公路运输系统的功能，而且借助信息分析的结果帮助运输者分析路况，从而提供最优路线，不但节约了时间和成本还能够提高运输效率和质量，为实现公路运输的可持续发展奠定了坚实的基础。另外，互联网的发展使公路运输管理得到了一定的突破，公路运输经济的发展不仅需要加强相应制度的建设，还要注重对公路运输工具的管理，保证运输能够及时、安全地完成，借助信息管理平台实现了车辆的综合管理模式，进一步扩大了公路运输的市场，例如，通过运输管理部门与养路征费部门的合作，在高速公路运输管理中推出了货物运输通道、ETC 通道等，监管部门可以直接通过扫描系统对运输车辆进行检查和放行，为公路运输管理提供了一定的便捷性，而且还有助于实现分级运输管理，从而有效地促进公路运输经济的发展。

（四）优化了资源配置，提高了服务质量

公路运输主要就是进行信息传递和货物运输，所以是一个比较趋于网络化的行业，而在互联网不断发展的背景下有效地利用互联网技术，可以优化资源配置，提高服务质量，从而促进公路运输经济的发展。主要体现在以下几个方面：一是运用互联网技术全面掌握资源调配具体状况，针对不合理的地方采取相关解决措施；二是运用互联网技术提高运输

信息的共享，及时地了解公路运输相关的数据，掌握具体的运输情况，及时调整运输方式；三是利用互联网技术提高公路运输的管理效率，根据发展战略开展运输活动，提高运输效益。另外，公路运输行业在发展的过程中面临着巨大的市场竞争压力，要想其得到持续稳定的发展，首要任务就是增加客户，扩大业务量，而客户增加量的最大影响因素就是个性化服务质量，利用现代信息技术能够在一定程度上提高服务质量，通过提供优质的个性化服务吸引客户，从而提高公路运输的经济效益，推动公路运输经济的发展。

（五） 实现了技术创新，加强了运营风险的管控

公路运输经济的发展过程中随着互联网的发展，借助于互联网技术可以实现技术的创新，加强对公路运输运营风险的管控。以前由于公路运输的信息化水平较低，信息技术的应用不够广泛，使得发展进程受到了制约，而如今借助互联网技术可以实现运输技术的创新，例如，在车辆调度的过程利用数据技术和云计算技术可以实现对调度全程的可视化监控，然后通过对相关数据的整合和分析完善车辆调度方案，不但提高了服务的质量还降低了运输成本。或者利用人工智能技术实现区域智能调度，提高了调度的效率，降低了调度的出错率，促进公路运输经济的发展。互联网的发展还有利于提高对公路运输运营风险的管控，公路运输企业在经营的过程中会存在资金不足的风险，或者受到天气、运输环境、自然灾害等方面的影响，造成一定的运输风险，而充分利用互联网技术能够帮助公路运输企业及时准确地掌握各城市的天气情况和运输道路情况，然后制定科学、合理的公路运输路线，有效控制运输风险。

（六） 通过互联网技术优化资源配置

互联网的显著特色就是具有出色的信息管理能力，在将互联网引入公路运输行业时，也应该重点发挥互联网的高效信息管理特点，对各种信息进行整合归类、传输共享，使得行业内的从业者能够快速对客户的需求给出响应，提升服务质量，使得公路运输行业的工作更加透明化、高效化、智能化，从而提升公路运输行业的综合实力。在公路运输行业中，由于货运的成本较高，利润低，故而相对货运来说，客运是公路运输的重点发展方向。因此，公路运输行业应该不断对客运方式给出创新方案，从传统的固定运输方案向着更加智能化的方向发展，同时提升服务的质量，满足百姓日常生活中的多样化出行需求。研究人员在构建互联网公路运输管理体系时，应该重视云管理、大数据等技术特色，市场调研客户的真实需求，并根据客户需求逐渐对服务内容进行创新，为客户提供更加灵活、

自由、高效的服务内容。还可以将公路运输、旅游和互联网结合在一起，通过互联网来发展旅游业务，同时推进公路运输行业的发展。除此之外，公路运输还应该积极与其他行业进行结合，如与企业达成合作，提供企业员工定时接送；与医疗体系结合，提供医疗服务直通车等，不断地提升行业的自身价值，使公路运输在生活中的应用面变得更加广泛，进而推进公路运输行业的发展。

以优化资源配置来推进公路运输行业的发展为例，公路运输行业管理部门可以邀请软件开发公司设计公路运输行业信息管理平台，比如公路运输企业可以缴纳 5000 元成为信息管理平台的用户，每一家公路运输企业所缴纳的注册费用作为信息管理平台管理者的工资薪水。信息管理平台管理者负责对信息管理平台进行日常管理、吸引更多的客户及企业入驻信息管理平台。客户可以在信息管理平台上发布需求信息，企业在平台上与客户进行对接，并通过平台的资金保障来完成交易过程，在交易过程中抽取一部分作为平台的佣金。平台可以设置 VIP1 到 VIP9 的用户等级，在客户和企业完成相应的单量要求后可以逐步升级，等级越高的用户可以获得更高质量的业务或更高质量的权利。

1. 通过互联网构建智能出行体系

传统的公路运输客运方式都是在固定的站点停靠接送乘客，这是由于以前的交通网络还不够发达，站点停靠接送乘客能够提升交通网络的运转效率。经济的发展使得人们的出行需求更加多样化，这意味着人们的交通模式也就需要更多的服务类型。在将互联网技术运用在公路运输行业中时，可以帮助用户在出行过程中通过互联网信息来对交通信息进行查询，将交通信息的时间地点具体化，使用户能够体验到更高质量的交通出行。目前的交通网络已经可以使人们在网上购票，同时网络也会智能化推荐多样的出行路线，给人们的出行带来了便利，人们可以在网络上预约网约车，使得出行更加便捷，提高了用户的时间利用率，为客户提供更多个性化的服务。在未来的发展中，公路运输行业也要通过互联网构建更加完善的智能出行体系，将交通客运向着更加智能化的方向发展。以构建智能出行体系来推进公路运输行业的发展为例，客运作为公路运输行业的未来主要发展方向，提升客户的出行质量也就成为提升公路运输行业发展效率的重要方法。目前我国的网约车发展已经初具规模，但网约车事故依旧频繁，对此应该规范网约车的运行规则，制定严格的管理制度，并加大管理力度，建立第三方监督机制，提升网约车的质量。可以要求网约车在管理部门所开发的网约车管理平上实名注册，保证一名司机有且只有一个 ID，核对公安部门的指纹、居住地址等信息，确认无误后允许网约车司机在网约车平台上开始工作。网约车平台可以每年分批次组织网约车司机进行培训学习，原则上每年应该至少两次，每次一天，通过培训学习来培养网约车司机的服务意识。也可以给网约车司机制定评星制度，在每次接单完成后，客户可以对网约车司机进行点评，将点评结果与网约车司机的奖金挂钩，以此来激励网约车司机的服务积极性。

2. 通过互联网来创新公路运输技术

互联网技术并不仅仅是高效的信息管理，公路运输行业还可以通过互联网技术来对行业技术进行创新。目前我国的公路运输行业信息管理依旧处于较为传统的状态，信息技术在公路运输行业中的应用较少，为了能够提升公路运输行业的信息应用水平，研究人员可以通过互联网技术来对公路运输的信息应用进行创新。例如，研究人员可以应用互联网技术的大数据、云计算等功能，在车辆调度过程中对调度过程进行实时化、可视化的监控，通过对数据的处理来制订高质量的车辆调度方案，提升车辆调度质量，降低公路运输企业的运营成本。以创新公路运输技术推进公路运输行业发展为例，公路运输企业可以邀请软件开发公司设计车辆调度管理平台，通过大数据、云计算等技术来实时给出智能化的调度方案，提升企业的车辆运输效率。成立车辆调度管理小组，车辆调度管理小组在日常生活中负责维护车辆调度管理平台，每天对当日的车辆调度情况进行抽查，每日最少抽查三例，检查车辆调度情况是否存在异常，如果存在异常的情况，及时与平台维护人员进行沟通。此外，也要定期对车辆调度管理平台进行升级，邀请软件开发公司每年对平台进行1~3次升级，根据市场情况和企业的自身发展情况不断地推陈更新，提升平台的工作效率，推进企业的发展。

第三节　互联网时代公路运输经济发展的对策

一、互联网时代公路运输经济发展的对策建议

（一）完善公路货运平台

提升行业信息化水平运用"互联网+"时代下的大数据促进平台智能化发展，依托大数据进行资源整合与匹配，要求车主、货主实名认证，同时对其相关信息进行详细审核以提高货运安全性；智能化地推送适宜的车辆及货物信息，促成交易，提升运输效率；采用

评分制为各车主及货主建立评价体系，对评分过低或屡次发布虚假信息的车主或货主予以剔除，并禁止其再次注册，尽可能降低信息不对称造成的人身安全和财产损失。

（二）健全公路运输管理体系

加强安全管理与教育。建立健全公路运输管理法规，细化明晰各部门职责，对公路运输安全事故高发路段进行风险隐患排查，构建公路交通事故应急预案体系，对各类交通事故进行分级处理，确保救援的及时性、有效性。同时加强对司机群体的安全意识宣传与教育，利用 AI 等技术增设机器卡口，以监控司机的操作规范，在各车内安装定时、称重等相应电子设备，对司机的夜间行车、疲劳行车、超载超速行车行为进行监督与相应安全检查，识别危险动作并及时通报，对违规违法人员进行惩戒与教育，形成全面且完善的公路运输管理体系。

（三）抑制不正当竞争，维护公路货运经济良性可持续发展

改善公路货运行业政策环境，加大行业内信息公示力度，构建公平且透明的竞争市场，保护相关企业及个人的合法、正当权益。强制要求各企业制定相应司机选拔及培训制度，并严格按照规定执行，定期对企业进行抽检。同时，对司机个人的非法运营行为进行惩处与教育，严厉禁止不正当竞争行为的发生，实现并维护公路货运经济的良性可持续发展。

（四）整合资源，提高货车运输效率

建议出台相关政策，鼓励公路货运行业内个体户或企业间形成紧密的货物运输组织，使公路货运行业朝着集约化、组织化方向发展。同时，设立相关的正式线上平台供司机、企业、货主等进行实时信息交流，方便司机沟通道路堵塞情况以选择最佳行驶路径，或及时发布求助信息，如加油站位置、汽车修理厂电话、交通事故处理等，以填补公共服务的空缺，提高信息透明度与资源整合，从而提升公路货物运输效率。

（五）促进各类运输方式互补发展

我国现有公路、水路、铁路、航空等多种运输方式各有利弊，如何实现各种运输方式整体效益最大化，促进我国交通运输业整体发展，需要政府、企业及个人的共同努力。政府应对全国货运情况进行总体规划，航空企业、铁路公司、运输企业等进行合作，实现货

运的多式联运。利用 GPS 系统对各运输工具进行实时定位，及时调度相应空闲资源进行下一程运输，缩短运输时间，提高运输效率并降低运输成本。

（六）多方助力公路货运绿色低碳发展

针对公路货运现存的高碳排放量问题：首先，科研人员应加快公路运输设备的低碳技术研发与更新，对燃油车进行低能耗、低排放改造，推广电力、氢能、先进燃料等新能源在公路货运领域的应用，以及推进汽车的电气化、轻量化与智能化转型；其次，交通运输部门应尽快制定完善公路运输汽车的限排指标并构建公路碳排放监测体系，完善绿色公路运输基础设施建设；最后，政府可对购买无污染的新能源汽车的车主进行"购置+运营+补贴"，提高新能源汽车购置率与使用率，加强环保宣传力度与驾驶员节能环保理念教育，降低汽车能耗，助力我国"双碳"目标的实现。

为了打造绿色运输体系，我们应该通过运用互联网技术提高运输效率，加强环保意识，推动节能减排，实现公路运输的绿色发展。具体来说，我们可以通过以下几个方面来实施：

（1）运用互联网技术提高运输效率。我们可以利用互联网平台，实现货主、车主、物流企业之间的信息共享和匹配，提高货源和车源的利用率，减少空驶和重复运输；我们也可以利用互联网平台，实现运输过程中的实时监控和智能调度，提高运输效率和安全性，降低运营成本和风险；我们还可以利用互联网平台，实现运输需求的预测和规划，优化运输路线和方式，缓解道路拥堵和环境污染。

（2）加强环保意识。我们应该在全社会普及绿色出行的理念和知识，提高公众对于公路运输对环境的影响的认识和责任感；我们应该在行业内加强环保培训和宣传，提高从业人员对于节约资源、保护生态、遵守法规的意识和能力；我们应该在政府层面加强环保监管和执法，制定合理的环保标准和政策，鼓励绿色创新和投资。

（3）推动节能减排。我们应该积极推广使用新能源汽车、清洁燃料、低碳材料等节能减排的技术和产品，在公路运输中降低油耗、排放、噪声等污染物；我们应该加强旧车淘汰更新、车辆检测维修等管理措施，在公路运输中提高车辆性能、安全性、舒适性等指标；我们应该优化物流配送模式、鼓励多式联运等方式，在公路运输中减少不必要的里程、时间、成本等消耗。

通过这些措施，我们可以建立一个更加便捷、高效、绿色的公路运输体系。

（八） 深化供给侧改革

在当前经济形势下，深化供给侧改革对于公路运输企业的发展具有至关重要的作用。通过进行管理创新、提升服务质量、加强与互联网企业的合作，以及实现传统运输业与互联网的深度融合，有助于提高运输效率，降低成本，提升竞争力，进而推动整个公路运输行业的健康发展。

深化供给侧改革的具体措施可以用以下几个方面进行：

（1）推动管理创新：公路运输企业应当借鉴互联网企业的先进管理理念，改革传统的管理模式，以客户需求为导向，实现快速响应和高效决策。此外，企业还应建立一套完善的激励机制，激发员工的工作积极性和创新能力，提升企业整体竞争力。

（2）提升服务质量：公路运输企业应当提高服务水平，注重客户体验，通过实时追踪货物运输情况、提供 24 小时客户服务等措施，确保运输安全、高效、准时。同时，企业还应该积极引入先进的运输技术和设备，提高运输效率，降低运营成本。

（3）实现传统运输业与互联网的深度融合：公路运输企业应当将互联网技术融入到企业运营的各个环节，通过建立智能化物流管理系统、车辆监控系统等，实现运输过程的信息化、数字化。此外，企业还可以利用互联网平台，开展线上营销活动，拓宽市场渠道，提高企业知名度和影响力。

（4）加强与互联网企业的合作：公路运输企业应当积极寻求与互联网企业的合作，利用大数据、云计算、物联网等技术，提升货物运输的智能化水平。例如：运输企业可以与在线货运平台合作，共享运输资源，提高运输效率；与地图导航软件合作，优化运输线路，减少运输时间和成本。

（九） 建立公路运输行业信用体系

为了建立公路运输行业信用体系，我们应该充分利用互联网技术，建立公路运输企业信用信息库，提升企业的信用水平，促进公路运输市场的诚信经营。具体来说，我们可以通过以下几个方面来实施：

（1）充分利用互联网技术。我们可以利用互联网平台，收集、整理、分析、发布公路运输企业的信用信息，包括基本资料、经营状况、合同履约、安全生产、质量服务、社会责任等方面；我们也可以利用互联网平台，实现公路运输企业信用信息的共享和查询，方便政府部门、行业协会、货主客户等各方主体对企业信用进行监督和评价。

（2）建立公路运输企业信用信息库。我们可以按照统一的标准和规范，建立一个覆盖全国各地区、各类别、各规模的公路运输企业信用信息库，定期更新和完善企业信用信息；我们也可以根据企业信用信息的内容和质量，对企业进行分级分类，并给予相应的信用评级和标识。

（3）提升企业的信用水平。我们可以通过制定和实施一系列激励和约束机制，鼓励和引导公路运输企业提高自身的诚信意识和能力；我们也可以通过开展各种形式的宣传教育和培训活动，提高公路运输企业对于遵守法律法规、履行社会责任、保障客户权益等方面的认识和水平。

（4）促进公路运输市场的诚信经营。我们可以通过建立健全相关的法律法规和制度规范，加强对于公路运输市场的监管和管理；我们也可以通过实施差别化的政策措施和服务措施，对于诚信经营的优秀企业给予奖励或优惠，对于失信经营的不良企业给予惩罚或限制。

通过这些措施，我们可以建立一个更加透明、规范、有序的公路运输体系。

二、互联网背景下促进公路运输经济发展的策略

（一）借助互联网优势

1. 利用互联网加强安全教育

公路运输行业在进行货物运输的过程中存在一定的安全风险，所以要做好相关安全教育工作，提高运输人员和管理人员的安全意识，保证运输过程的人身安全和货物安全。互联网发展背景下，人们学习知识以及信息传播的渠道不断扩大，知识学习的方式以及信息传播的方式也逐渐呈现多样化，所以公路运输企业应当加强对互联网的运用，加强对工作人员的安全宣传教育。例如，企业可以加强对多个互联网工具来开展安全宣传工作以及安全教育工作，可以借助微博、微信公众号等工具来进行安全知识的宣传和教育，让运输工作人员能够随时地进行安全知识的学习，并且及时更新自己的安全知识。目前，随着互联网技术的发展，不同城市都已经开发有各自的交通 APP 以及拥有相关的交通公众号，通过交通 APP 以及微信公众号，人们可以实时查询当地的交通情况，了解到不同线路的交通拥堵情况、限号情况，工作人员还可以通过交通 APP 以及微信公众号来开展安全宣传和教育，进行相关的交通安全法规知识的宣传，提高人们的交通安全意识。通过微信公众号，工作人员还可以发布相关的运输小常识，在运输不同货物所应当注意的事项，避免在

运输过程中出现意外事故，既可以保证运输工作人员的安全又可以保证货物的安全。

2. 借助互联网平台拓宽筹资渠道

随着互联网技术的发展，加强对互联网技术的运用，对于促进公路运输行业的经济发展有着重要的作用，为此公路运输企业要加强对互联网技术的研究和运用，保证自身企业的稳定发展。首先，公路运输企业要加强对互联网平台的运用，借助互联网平台来解决资金不足的问题。目前我国的公路正在不断地建设，公路的运输基础设施也不断地建设，但是在建设过程中，资金压力十分大，而且资金的使用效率也比较低，导致建设时间较长，建设质量得不到保证等问题。所以在进行公路建设以及相关基础设施建设的时候，要加强对互联网平台的运用，借助互联网的众筹优点，加强和互联网金融的合作，从而更好地拓宽资金的筹集渠道，提高资金的筹资量，减少资金压力。其次，在进行相关基础设施建设的时候，公路运输行业也应当加强对互联网技术的运用，不断地完善资金的监督机制，比如可以借助互联网技术来对基础设施的建设以及资金投入情况进行公示，实现建设过程中资金的公开性以及透明性，加强广大人民群众的监督。在进行资金安排计划的时候，企业也可以通过加强对互联网的大数据技术，来对资金进行合理的安排，制订切实可行的资金计划，大大提高资金的使用效率，降低资金的使用成本，为促进公路运输的经济发展奠定良好的基础。

3. 借助互联网技术来实现技术创新

在进行公路运输建设以及经济发展过程中，企业也应当借助互联网技术的帮助来实现技术的创新。目前我国公路运输行业的信息化水平还不够完善，对于信息技术的应用程度还不够，所以为了进一步提高公路运输行业的信息化水平，加强对互联网技术的应用变得尤为重要，借助互联网技术来实现信息技术的创新和发展。比如在进行车辆调度的时候，可以加强对大数据技术以及云计算技术的运用，对整个运输过程中进行实时化以及可视化的监控，通过大数据技术对相关数据进行处理分析，制定以及完善车辆的调度方案，在保证服务质量的前提下减少运输成本。公路运输企业还可以通过对人工智能技术的运用，来实现对同一个区域下的智能调度，从而保证调度效率，并且减少调度过程中的出错率。所以，加强对互联网技术的运用，可以极大促进我国公路运输的经济发展。随着互联网的发展和普及，可以从网络上获取众多经济主体的日常运输线路，也可以了解不同道路的承载情况，所以，可以通过相关的互联网技术来设计公路建设路线以及基础设施的建设计划，保证在资金充足的情况下，实现多个公路路线以及基础设施的建设，既可以提高城市的交通发展，又可以促进公路运输的经济发展，提高公路运输企业的经营效益。

4. 借助互联网技术来提高人们出行的便利性

互联网技术以及智能手机的发展和应用提高了人们出行的便利性，技术人员通过互联网技术来研发出不同的移动应用，通过这些移动应用，人们可以及时获取到公交车的行车信息。比如"车来了"软件，可以为人们提供公交车的到站时间，使得人们可以合理地计划自己的时间，避免出现迟到的情况，减少等待公交车的时间。此外，为了提高人们出行的便利性，众多打车软件也随之出现，比如滴滴打车，能够有效地缓解城市的交通需求，解决人们出行难的问题。此外，人们出外在购票的时候也可以通过微信公众号或者相关的APP 进行购票，比如在购买汽车票的时候可以在微信公众号上进行购买，这样就不用到车站进行车票的购买，减少出行的成本。所以说，通过加强对互联网技术的运用，不仅可以促进公路运输的经济发展，还能提高人们出行的便利性。总的来说，互联网发展为我国的公路运输行业带来极大的发展机遇，为此公路运输企业应当抓住互联网发展的机遇来促进自身的经济发展。

（二） 科学利用大数据和云计算技术

公路运输信息化建设以及应用是促进公路运输经济发展的重要环节，所以要合理地利用互联网先进技术提升公路运输的信息化建设，例如，运用大数据平台和云计算技术实现公路运输的实时化，在一定的资金成本范围内提供最优质的运输路线，还可以有效地调整区域公路运输体系，使公路运输运行效率得到优化。另外，通过互联网技术研发的各种移动应用软件，为公路运输提供了一定的便利性，例如，车来了软件可以帮助人们实时查询公车的到站时间，让其能够合理地规划时间，也有效地解决了城市交通问题，或者通过相关软件进行购票，减少去车站排队购票的成本，对公路运输的经济发展起到了一定的促进作用。

（三） 利用信息技术完善评估体系

经济的不断发展使人们的思想观念得到了更新，市场需求也发生了变化，为了提高市场竞争力，要不断地创新公路运输行业管理模式，有效利用互联网技术，结合当地的市场发展需求情况制定相关的信息化评估机制，以此强化公路运输的服务水平，使相关人员都能够端正服务的态度，根据公路运输评估结果来调整管理制度、完善管理措施，以符合市场需求为导向进行员工的教育和管理，提升员工的综合素质，满足人才的需求，培养出一支具有高技能、高素质的人才队伍，转变监管人员的工作理念和工作方式，充分地利用互联网技术进行管理，促进公路运输的信息化发展，促进公路运输的经济发展。

公路运输经济作为国民经济的基础，促进公路运输经济的发展是实现国民经济结构优化的重要前提，随着互联网时代的发展，有效地利用现代信息技术，有助于提高公路运输的效率和服务质量，实现公路运输资源的优化配置和运输的综合化管理，促进着公路运输经济的发展。

（四）优化运输结构

为了优化运输结构，我们应该充分发挥互联网的优势，利用信息技术和平台服务，实现公路运输资源的整合优化。具体来说，我们可以通过互联网平台，实现货主、车主、物流企业之间的信息共享和匹配，提高货源和车源的利用率，减少空驶和重复运输；我们也可以通过互联网平台，实现运输过程中的实时监控和智能调度，提高运输效率和安全性，降低运营成本和风险；我们还可以通过互联网平台，实现运输需求的预测和规划，优化运输路线和方式，缓解道路拥堵和环境污染。通过这些措施，我们可以建立一个更加便捷、高效、绿色的公路运输体系。

（五）加强国际合作

为了加强国际合作，我们应该积极参与国际交流与合作，引进国外先进的互联网技术和管理经验，推动我国公路运输行业的国际化进程。具体来说，我们可以通过以下几个方面来实施：

积极参与国际交流与合作。我们可以利用各种渠道和平台，如论坛、展会、考察、培训等，与国外的政府部门、行业协会、企业机构等建立联系和沟通，了解国际公路运输的发展动态和趋势，分享我国公路运输的成就和经验，寻求合作机会和共赢方案。

引进国外先进的互联网技术和管理经验。我们可以借鉴和引进国外在互联网技术和管理方面的先进理念和模式，如智能物流、共享经济、区块链等，提升我国公路运输的信息化水平和创新能力；我们也可以引入和培养一批具有国际视野和专业素养的人才队伍，提高我国公路运输的管理水平和服务质量。

推动我国公路运输行业的国际化进程。我们可以积极拓展海外市场和资源，支持我国公路运输企业走出去，在"一带一路"沿线等地区开展跨境物流、多式联运等业务；我们也可以积极参与制定或修改相关的国际标准、规则、协议等，提高我国在全球公路运输领域的话语权和影响力。

通过这些措施，我们可以建立一个更加开放、包容、互利的公路运输体系。

参考文献

[1] 苗长川，杨爱花. 运输管理［M］. 北京：北京交通大学出版社，2012.

[2] 卢明银. 运输经济学［M］. 徐州：中国矿业大学出版社，2016.

[3] 帅斌，李明，胡骥. 交通运输经济［M］. 成都：西南交通大学出版社，2011.

[4] 师斌，霍娅敏. 交通运输经济［M］. 成都：西南交通大学出版社，2007.

[5] 杭文. 运输经济学［M］. 南京：东南大学出版社，2016.

[6] 徐凤君，盖志毅. 低碳经济论［M］. 北京：科学技术文献出版社，2016.

[7] 张维迎. 博弈论与信息经济学［M］. 上海：上海人民出版社，2002.

[8] 陈小鸿. 城市客运交通系统［M］. 上海：同济大学出版社，2008.

[9] 陈贻龙，邵振一. 运输经济学［M］. 北京：人民交通出版社，1999.

[10] 何德全. 运输定价机理、模型与实践［M］. 上海：上海财经大学出版社，2007.

[11] 贾顺平. 交通运输经济学［M］. 北京：人民交通出版社，2011.

[12] 蒋惠园. 交通运输经济学［M］. 武汉：武汉理工大学出版社，2009.

[13] 王国顺，周勇，汤捷. 交易、治理与经济效率：O. E. 威廉姆森交易成本经济学
［M］. 北京：中国经济出版社，2005.

[14] 管楚度. 新视域运输经济学［M］. 北京：人民交通出版社，2001.

[15] 荣朝和. 西方运输经济学［M］. 北京：经济科学出版社，2002.

[16] 许庆斌，荣朝和，马运等. 运输经济学导论［M］. 北京：中国铁道出版社，1995.

[17] 严作人，张戎. 运输经济学［M］. 北京：人民交通出版社，2003.

[18] 陈贻龙，邵振一. 运输经济学［M］. 北京：人民交通出版社，1999.

[19] 赵锡铎. 运输经济学［M］. 大连：大连海事大学出版社，1998.

[20] 朱柏铭. 公共经济学案例［M］. 杭州：浙江大学出版社，2004.

[21] 金雪军. 公共经济学案例［M］. 杭州：浙江大学出版社，2004.

[22] 郭学梅. 公路运输对经济发展的影响及策略分析［J］. 运输经济与管理，2022
(06)：55-56.

［23］欧国立，宁静. 促进我国公路运输绿色低碳发展的政策与路径［J］. 可持续发展经济导刊，2022（07）：39-42.

［24］关涛. "互联网+"背景下交通运输企业经济发展的策略［J］. 现代企业，2022（08）：157-158.

［25］王振丽. 低碳经济视域下公路运输经济的发展分析［J］. 商展经济，2022（11）：125-127.

［26］徐雯婷；李义娜. "互联网+"背景下我国公路货运发展研究［J］. 中国国情国力，2022（05）：74-75.

［27］徐桂琼. 低碳经济视角下公路运输经济的发展探讨［J］. 全国流通经济，2019（27）：140-141.

［28］苑艺. 关于低碳经济背景下公路运输经济的发展趋势［J］. 当代化工研究，2017（09）：134-135.

［29］徐立. 低碳经济背景下公路运输发展趋势分析［J］. 科技经济市场，2017（04）：77-79.

［30］王汉丽. 低碳经济背景下公路运输发展趋势研究［J］. 技术与市场，2016，23（07）：365-367.

［31］刘春志. 低碳经济背景下公路运输发展趋势探讨［J］. 中外企业家，2015（03）：29.